Ma Cuisine du Comté de Nice

私の選ぶニース伯爵領の料理

オータパブリケイションズ

Ma Cuisine du Comté de Nice

私の選ぶニース伯爵領の料理

Jean Médecin

ジャン・メデシン

Illustrations de Aurélie Roger

イラスト　オーレリー・ロジェ

はじめに

　フランスでは子供のころから食育が盛んで、わたしも両親からさまざまな食べ物を試されてきました。とにかく何でも食べなさいと。例えばワインにしても良いものも悪いものも試してみる。すると違いが分かるようになります。比較する機会を持つことによって味覚も育ちます。まずいものもおいしいものも両方食べることによって味が分かるようになるという味覚教育です。

　日本で全国各地に特産があるようにニースにも素晴らしい素材がたくさんあります。果物ならモモやアンズ、サクランボなどが素晴らしい。祖母の庭にもこうしたものがあって昔から親しんできましたが、パリで口にするものに比べとてもおいしいものでした。

　金融業を始めた当初の師匠が、どのプロジェクトにかかわるにも「常に情報源に戻れ」と教えてくれました。専門書はある種の意訳がなされているので当てにはならないから、あくまでも、情報源とされる原文に戻って理解し、それを活用すべしというのです。これは料理にも当てはまります。料理の基本として、その由来や背景を理解することは料理文化の発展に欠かせません。

　偉大なシェフの料理だけでなく家庭料理も食文化をかたちづくる上で重要です。家庭で食べられる日々のシンプルな料理、あるいは特別な機会の折々に出される料理も料理文化の大切な一部であり、これを知り、理解することにより味わいが増すはずです。料理はさまざまな要素が折り重なってできています。その深い魅力を伝えることはわたしの一家の使命のようなもので、本を書く機会を得て本当にうれしく思います。共鳴する日本の方々が気軽に「試しに料理にとりかかろうか」という気持ちになり、料理を通して新しい発見をするきっかけをつくり、ニース料理文化の発展に少しでも貢献する気持ちになっていただければ幸いです

ジャン・メデシン

Table des matières 目次

はじめに……………………………………………………………… 4
ジャン・メデシン氏の紹介 ……………………………………… 8
ストーリー＆レシピのカレンダー ……………………………… 10

著名人から
ローラン・ピック氏 ……………………………………………… 13
小山裕久氏 ………………………………………………………… 14
セシール・ジャキア氏 …………………………………………… 15

-Les saisons-
L' Hiver -冬-
1 月 ………………………………………………………………… 18
2 月 ………………………………………………………………… 21
3 月 ………………………………………………………………… 24
Le Printemps -春-
4 月 ………………………………………………………………… 28
5 月 ………………………………………………………………… 31
6 月 ………………………………………………………………… 34
L' Été -夏-
7 月 ………………………………………………………………… 38
8 月 ………………………………………………………………… 41
9 月 ………………………………………………………………… 44
L' Automne -秋-
10 月 ……………………………………………………………… 50
11 月 ……………………………………………………………… 53
12 月 ……………………………………………………………… 56

そのほかのおすすめニース料理 ……………………………… 62
あとがき …………………………………………………………… 79

※季節レシピ（P.18-P.59）のイラストはイメージ図

Nice ニースの地図

ニースはフランス南部の一端を占める小さな地域です。フランスとイタリアの影響を色濃く受けてはいるものの、そのどちらでもなく、地元特有の言語を含め独自の文化があります。

Nice centre ville
ニースの市街地

ニースの旧市街は昔ながらの細い路地が入り組んだ、雰囲気のある街並みです。19世紀半ばまでイタリアのサルディニア王国の領地でした。パステルカラーの建物が並び、迷路のような街で、領地時代の名残を見ることができます。

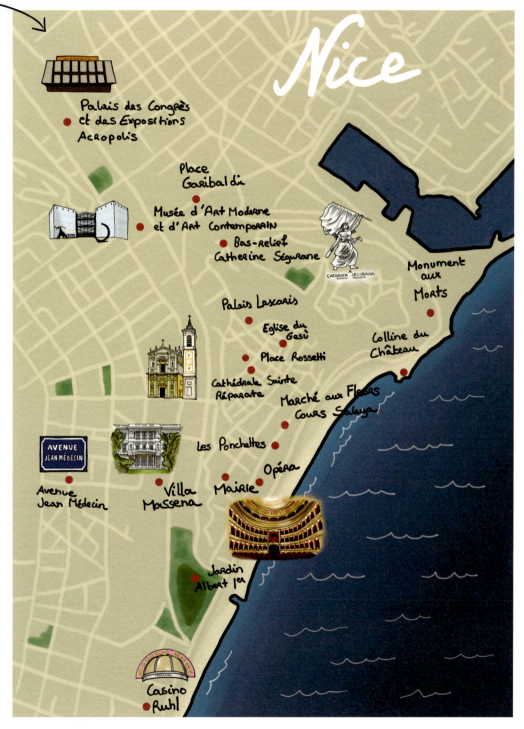

ジャン・メデシン
Jean Médecin

Nous venons de célébrer les 160 ans de l'établissement des relations diplomatiques entre la France et le Japon. Au delà de la dimension politique, cet anniversaire fait écho au puissant mouvement de curiosité et d'intérêt pour la culture japonaise né en France au XIXe siècle et connu sous le terme de « Japonisme ». Comment expliquer un tel engouement compte tenu des héritages culturels fort différents de l'archipel nippon et de l'hexagone français ? Cela tient sans doute à la résonance entre nos deux cultures, une résonance bâtie sur des sensibilités communes quant à l'art de vivre. Cette résonance je l'ai vécue lors de mon premier voyage au Japon il y a 15 ans, lorsque ce pays m'a fasciné par son caractère à la fois unique et totalement différent de celui de la France, et en même temps si familier dans son approche esthétique et gastronomique.

Nul n'a besoin de rappeler l'intensité des échanges culinaires entre la France et le Japon. Pour autant, la dimension régionale de nos produits et de nos cuisines n'est pas toujours bien connue. Chaque déplacement de l'est à l'ouest du Japon est une occasion pour moi de découvrir de nouvelles spécialités. Et chaque terroir français recèle ses propres qualités. A ce titre, la cuisine niçoise méritait je pense qu'on lui consacre un livre pour comprendre ses origines (à la fois voisine mais distincte de ses cousines provençales et italiennes), et ses particularités (cuisine d'une région autrefois pauvre, elle fait la part belle aux légumes et aux produits de saison). La cuisine niçoise est de ce fait en phase avec l'évolution des goûts des consommateurs qui souhaitent une cuisine plus digeste et plus fraîche. Cet ouvrage se veut pratique. : le nombre de recettes est volontairement concentré et elles sont classées selon les saisons pour savoir par où commencer ; la plupart des produits sont faciles à obtenir et les recettes ne nécessitent pas un tour de main de chef étoilé. Ces recettes je les ai apprises étant enfant dans ma famille, famille qui a rayonné sur Nice pendant des décennies et qui a façonné cette ville depuis son rattachement à la France à la fin du XIXe siècle. J'ai donc voulu « illustrer » ce livre par des anecdotes familiales et historiques qui mettront ces recettes en perspective et surtout vous donneront envie, je l'espère, de vous mettre à vos fourneaux. Bon appétit !

Introduction de Jean Médecin

　昨年は日仏両国の外交関係が樹立して、ちょうど160周年の年にあたりました。この友好記念事業は、政治の領域をはるかに超えて、19世紀にフランスで生まれた日本文化への強い興味とあこがれに基づいた芸術運動ジャポニスムにたとえられました。日本とフランスは、非常に異なる文化遺産を有しているというのに、なぜこんなふうに魅了されるのでしょう。私は、両国の文化ではライフスタイルに対する感受性が共通していて、それが互いに共鳴し合うのではないかと思います。その共鳴を、私は15年前初めて日本を訪れたときに感じました。日本は、フランスとは全く異なる固有の文化を持っていながら、美意識やガストロノミーの面で大変フランスに近いアプローチをしていて、その魅力に強く引きつけられたのです。

　フランスと日本が、料理の世界でさかんに交流していることは周知の事実です。しかしながら、地方レベルの食材や料理に関することは、いまだにあまり知られていません。日本の各地方を旅行すると、そのたびに郷土料理を発見することができました。そしてまた、フランスも各地方に固有の優れた食材・料理が存在します。そういう意味で、ニース料理に関する本を書いて、そのルーツ（プロヴァンス料理やイタリア料理と似ているが全く別のものである）や、その特性（かつて貧しかったことから、野菜や地元の食材を重視した）を知っていただくのは意義あることだと私は思いました。ニース料理は、フレッシュな食材や消化のよい料理が好まれる現代の潮流にも合っているからです。

　私はこの本を、実用的なものにしたいと考えました。つまり、レシピ数は意図的に厳選し、季節によって区分しておりどこから手をつければよいかが分かるようになっています。大部分の食材は手に入れやすく、レシピ自体、星つきシェフの手を借りる必要などありません。私自身が家庭で、子どものころに覚えたレシピだからです。私の家系は、名前が何十年間もニースで知られ、19世紀末にニース伯爵領がフランスに帰属して以来、ニースという町を造ってきました。ですから、家族にまつわる話や歴史的なエピソードを紹介することで、この本を「有名に」したいと思いました。なによりも、この本を読んでみて、実際に料理を作りたいと思っていただけることを願います。ボナペティ！

月 *Mois*	ストーリー／エピソード *Histoire/anecdote*	レシピ *Recettes*
1月 *Janvier*	世界は狭い！ ジャック・メデシンの友達と 帝国ホテル東京で出会う C'est un tout petit monde ! Rencontre à Tokyo à l'Hôtel Impérial d'un ami de Jacques Médecin. Un livre de cuisine niçoise…	ラ・トゥルシア （フダンソウ入りオムレツ） リ・カイエッタ （ニース風 肉の包み煮） La trouchia Les caillettes
2月 *Février*	本物のニース料理を探求！ En quête d'authenticité ! Le massacre de la salade niçoise et de la ratatouille…	（本物の）ニース風サラダ ニース風ラタトゥイユ （ラタトゥイア ニサルダ） La (vraie) salade niçoise La ratatouille niçoise
3月 *Mars*	四旬節とカーニバル！ Jeûne et fêtes ! Le carnaval (mardi gras), le Carême et Pâques…	レ・ガンス ひよこ豆のポテ Les ganses à pâte dense La potée de pois chiches
4月 *Avril*	春がやってきた！ C'est le printemps! Histoire de l'annexion de Nice. Tolérance locale sur la pêche…	春のティアン プッチーナ（またはヌナ）のスープ ヌナのサラダ（ヌナ・エン・サラダ） Le tian de printemps La soupe de poutine ou de nonnats Les nonnats en salade
5月 *Mai*	ニース街の転換期 Un nouveau paradigme! Nice devient une ville de tourisme d'été grâce notamment à la promenade des Anglais…	ピサラディエール 元祖「パン・バーニャ」 La pissaladière Le «pan-bagnat» d'origine
6月 *Juin*	ドイツとのつながり La connexion germanique! Kirchner, Alphonse Karr. William Meyer, le Palace hôtel. Dominique Le Stanc…	ニース風牛肉の蒸し煮 パニス La daube à la niçoise Les panisses

月 *Mois*	ストーリー／エピソード *Histoire/anecdote*	レシピ *Recettes*
7月 *Juillet*	音楽にあわせていきましょう Sur un air de musique ! Mon père à Bayreuth. Le dîner des machinistes dans la maison familiale…	ストックフィッシュ ニース風タコの煮物 （プルプレ・ア・ラ・ニサルダ） Le stockfish Le poulpe à la niçoise
8月 *Août*	食欲旺盛 Un gros appétit! Grâce Nicolaï et la non automatisation de la cuisine. Une affaire pour ceux qui se lèvent tôt…	キク ニース風ラビオリ （ライオラ・ア・ラ・ニサルダ） Les «quicou» Les raviolis à la niçoise
9月 *Septembre*	時間の問題 Une question de temps! Du temps et des produits. Visite à l'Elysée…	野菜の詰め物のオーブン焼き （エンプラン）5種 Les farcis
10月 *Octobre*	花を食べる Manger des fleurs! Le cours Saleya et le marché aux fleurs…	クルジュの花のベニェ ソッカ Les beignets de fleurs de courge La socca
11月 *Novembre*	冬に向けて作る保存食 Des provisions pour l'hiver! Faire des conserves…	トマトソース ニョッキ La sauce tomate Les gnocchis
12月 *Décembre*	ニースのクリスマス Un Noël Niçois! 13 desserts et cacha fuec…	ニース風カルドン ブレットのトゥルト Le cardon niçois La tourte de blette

messages

著名人からのメッセージ

Le mot de...

Laurent Pic, Ambassadeur de France

　ローラン・ピック氏は 2017 年 7 月より駐日フランス大使を務める。在バーレーン・フランス大使館 1 等書記官に始まり、駐オランダ・フランス大使、ジャン゠マルク・エロー外務・国際開発大臣官房長を歴任。

　フランスと日本は、固有のアイデンティティーを有する国で、いずれも大変多様な風景と郷土に恵まれています。ニースもその例外でなく、イタリアに近いという地勢上の特性から、フランス伝統料理の価値をさらに高めています。完全にプロヴァンス料理とも言えず、イタリア料理とも違うニース料理は、独自の魅力を放っています。ぜひこの本を通じて、日本の読者の方にその魅力を知っていただけたらと思います。

Ambassadeur de France au Japon depuis juillet 2017, Laurent PIC a débuté sa carrière comme Premier secrétaire d'ambassade à Bahrein, puis Ambassadeur de France aux Pays Bas, avant de rejoindre le Cabinet de Jean-Marc Ayrault Ministre des affaires étrangère.

« Dotés d'une forte identité, la France et le Japon offrent une grande diversité de paysages et de terroirs. Nice ne fait pas exception, en enrichissant la tradition culinaire française de sa proximité avec l'Italie. Pas tout-à-fait provençale, pas véritablement italienne, la cuisine niçoise possède son charme particulier, avec lequel le lecteur nippon pourra se familiariser grâce à cet ouvrage. »

Le mot de...

Chef 小山裕久

「青柳」主人。伝統的な日本料理をベースに洗練された新しい日本料理の世界を作り出す料理人。30年にわたりフランスでの日本料理普及活動を行ない、最高級ホテルの内、「リッツ」、「プラザ・アテネ」、「ブリストル」に招聘され、それぞれのメインダイニングで1週間にわたる料理フェアを開催。ヴェルサイユ市名誉市民、パリ日本文化会館食文化アドバイザー。

　2017年、パリ商工会議所フェランディ校戦略委員に就任。活動法人日本料理文化交流協会理事長、農水省和食親善大使。

　30数年前初めてフランスの地に降り立ったところは、まだ平屋のニース空港でした。太陽とプロムナード・アングレ、青い海、市場で食べたソッカやラタトゥイユ…、すっかりニース料理のとりこになりました。日本料理に近い素材主義の料理文化です。

　今回、この本で本物のサラダニソワーズが学べます。私も、次回はメデシン通りを夕暮れに歩きたいと思います。ボナペティ！

Le Chef Koyama a créé le mouvement de la 'Nouvelle Cuisine Japonaise', et cela basé sur les fondements de la cuisine traditionnelle Japonaise de très haut niveau. Depuis plus de 30 ans, Le Chef Koyama fait la promotion de la culture culinaire Japonaise à travers le monde, dans les établissements les plus célèbres, comme à Paris le Ritz, le Plaza Athénée ainsi que le Bristol.
Le Chef Koyama est également, citoyen d'honneur de la ville de Versailles, et conseiller pour la Japan Fondation. En 2017, il est devenu membre du comité stratégique de la Chambre de Commerce et de l'Industrie de Paris au sein de l'Ecole Ferrandi. Il est également Président de la Fondation pour les échanges culinaires et culturels, en tant qu'Ambassadeur auprès du Ministère de l'agriculture au Japon.
« Il y a 30 ans, lorsque j'ai atterri en France, j'ai toujours conservé le souvenir de mon petit appartement à Nice, de l'aéroport sur la mer. Mais aussi le soleil, la promenade des Anglais, la mer bleue, et bien entendu, la socca et la ratatouille que j'allais manger sur le marché. Je suis amoureux de cette culture culinaire de Nice qui est proche des produits comme l'est la cuisine Japonaise.
Grace à ce livre, vous pourrez découvrir la vraie cuisine Niçoise et ses recettes, mais aussi un peu de l'histoire de Nice.
Mon rêve est de pouvoir marche sur l'avenue Jean Médecin au coucher du soleil.
Bon appétit ! »

Le mot de...

Cécile Jacquillat, VIP Niçoise.

　セシール・ジャキアは著者の父親であるピエール・メデシンの幼なじみで、世界を駆けめぐる数多いニース出身のアーチストの1人である。バイオリン奏者として、中でも日本を何度もツアーで訪れており、親日家でもある。

　メデシン家は、何十年にもわたってニースに大きな影響力を与えた家系で、家長で著者の祖父に当たるジャンは、1928年から1965年まで市長を務めています。著者の父親のピエールは、何年もオペラ座を指揮し、叔父のジャックは1965年から1990年までジャンの後継者として市政を担いました。

　著者は、ニースの家庭料理のレシピを世に広めたいと思いこの本を書きました。紹介される料理は、どれも味わい深く、香り高く、南国のカラフルさで目を楽しませ、まるでニースのクリスマスの伝統的な13のデザートを思わせます。

　彼の言葉を紹介しましょう「ニースでバスに乗って、ジャン・メデシンのバス停で下りると、子どものころのことを思い出して胸が熱くなる。いつも言ったものだ。『ここはおじいちゃんと僕のバス停だね』」

Amie d'enfance du père de l'auteur, Pierre Médecin, Cécile Jaquillat fait partie de ces artistes niçois qui ont parcouru le monde. Violoniste, elle s'est notamment produite en tournée plusieurs fois au Japon, un pays qu'elle affectionne tout particulièrement.

« Medecin , un patronyme ayant rayonné à Nice durant des décennies. Jean, le patriarche et grand-père de l'auteur en fût Maire de 1928 à 1965. Pierre, le père de l'auteur, administra l'Opéra pendant de nombreuses années. Jean tient à vous faire découvrir les recettes familiales de la cuisine niçoise. Elles sont là, savoureuses, offrant des assiettes odorantes aux couleurs du midi, que l'on dévore des yeux, J' ai toujours une pensée attendrie lorsque je prends le bus à Nice et descends à l' arrêt Jean Medecin, ce qui faisait dire à l'auteur lorsque' il était enfant : « C'est l' arrêt de mon Papy et de moi » .

L'Hiver

— 冬 —

Janvier	Février	Mars
1月	2月	3月

La bataille de fleurs.

Histoire

1月
Janvier

世界は狭い！
ジャック・メデシンの友達と帝国ホテル東京で出会う

C'est un tout petit monde !
Rencontre à Tokyo à l'Hôtel Impérial d'un ami de Jacques Médecin. Un livre de cuisine niçoise…

　私が日本にフランス人の友人と一緒に初めて旅行したのは今から13年前、2004年の秋のことでした。当時、日本にはなんとなく興味を持っていただけでしたが、後に、日本は私の人生にとって重要な位置を占める国となったのです。 フランス人の友人たちは私を喜ばせようと、日本人のご夫婦と一緒に銀座の有名なすし屋さんでの食事会をアレンジしてくれました。そこで私は本物のすし屋さんを初体験したのです。上質の繊細な味の魚、すし飯の洗練された風味と香り、そしてほかに比類のない素晴らしいサービス。実はこのすし屋での食事会は危うく実現されないところでした。当日、日本人ご夫婦のだんな様が病気になってしまったのです。ところが、私をがっかりさせてはいけないと、彼は友人に妻と一緒にすし屋に行くこと、そして私をホテルに迎えに行くことを頼んでくれました。

　こうしてその日、午後6時半、私は帝国ホテル東京のホールで新しい日本の友人たちとあいさつをかわすことになったのです。私が自己紹介をすると、その日本人男性が「ジャン・メデシン？　あのジャック・メデシンですか？」と叫ぶのに驚きました。私の家族にはニース市の行政でさまざまな役職を務めた者がおり、戦後はフランス政府で大臣を務めたことのある親戚もいるのでフランスでは知っている人も多い一家です。この日本人男性もきっとどこかのメディアで私の家族の名前を耳にしたのだろうと思い、ジャック・メデシンは私の叔父で、彼も祖父のジャンも1928年から1990年までニースの市長だったと説明しました。なんと、彼は私の叔父をよく知っていて、20年以上も前に彼がニース市役所で市民婚を挙げたときに式に立ち会ったのがなんと私の叔父だったと言うのです！ フランスから1万kmも離れた場所で20年以上も前に私の叔父を知っていた人と、その人の友達が病気になったというハプニングのせいで出会うことになるとはなんという偶然でしょう！

　20年以上前に叔父が友人に料理をふるまったように、今日は私が日本の皆さまにニースの家庭料理をご紹介したいと思います。ニース料理はかつて貧しかった土地の郷土料理なので、野菜（昔は肉などよりも安い材料でした）を豊富に使います。そのおかげで今ではヘルシーな料理として人気です。「ラ・トゥルシア」がその良い例です。「ラ・トゥルシア」はフダンソウという野菜を詰めた、オムレツのような一品です。ニース料理は作るには時間がかかることが多いですが、作り方自体は特に難しいことはありません。丁寧に準備することは大切ですが、これは日本人の皆さまが得意とすることでしょう！カイエットまたは「リ・カイエッタ（ニース風肉の包み煮）」と呼ばれる料理はまさにそんなレシピです。

Recette

ラ・トゥルシア (フダンソウ入りオムレツ)

La trouchia

材料 (6人分)

全卵8、ブレット4kg、チャービル1束、パセリ1束、たまねぎ1、場合によって バジル、おろしたパルメザンチーズ200g、オリーブオイル、塩、コショウ

作り方

❶ ブレットの白い部分は取り除いて葉だけをよく洗い、3mm幅に千切りにする。大ぶりの束のチャービルと小ぶりの束のパセリをみじん切りにしこれに加える。フレッシュなブレットがない場合は冷凍のもので代用できる。

❷ ボールに卵を割りいれ溶きほぐし、そこにパルメザンチーズのおろしたものを加える。さらに❶を加える。たっぷりとコショウをし、塩を入れる。夏はバジルを入れて香り付けをしてもいい。

❸ たまねぎをオリーブオイルで炒め、これを❷に混ぜる。

❹ フライパンにたっぷりオリーブオイルを入れる。これは、こびりつかないタイプのものでも同様である。卵が油をよく吸うので、こげつかないようにするために欠かせない。フライパンに❸を入れ、木べらでしっかりと押さえこむ。中火にかけて2、3cmの厚みになるまでさらに押さえこむ。フライパンと全く同じサイズの皿をかぶせて蓋をし、そのまま弱火で15分間蒸し焼きにする。

❺ 15分たったらもう片面を焼く。❹で使った皿か、または中心が盛り上がった形のふたを使って、そこにトゥルチアをひっくり返す。そして、フライパンに少しオリーブオイルを足して、皿(ふた)のトゥルチアをすべり入れる。先ほどの皿でもう一度ふたをし、弱火でさらに15分焼く。

memo

ポイントは、ご覧のとおり加熱にある。生の野菜には時間をかけて火を通す必要があるが、とはいってもトゥルチアの外側がこげないようにしなければならない。苦味が出ると味が損なわれるからである。

Recette

リ・カイエッタ（ニース風 肉の包み煮）
Les caillettes

材料（6人分）

脂身がごく少ない大きな薄切り牛肉（外股肉が好ましい）12枚、脂身の少ないプティサレ150g、セロリ1本、たまねぎ2、ブレット12枚の葉の部分、にんにく2かけ、パセリ、タイム、ロリエ、ヴィネガー漬けケッパーコップ1杯分、良質の肉ブイヨン1ℓ、塩漬けアンチョビ3、固ゆで卵2

memo

伝統的なフランス料理のニース版であるが、おそらく1793年にニース伯爵領が最初にフランスに帰属したときに私たちの地方に伝わったと思われる。alouettes sans tête（アルエット・サン・テット 仔牛薄切り肉の野菜巻き蒸し煮）と似ているものの、このニース風カイエッタは全く別の風味の料理である。

作り方

❶ プティサレ、にんにく、ブレット、パセリをごく細かく刻む。全体を混ぜた後ひとつまみのタイムを加える。

❷ 大きなスペースの作業台に薄切り牛肉を広げて並べる。それぞれに❶を12等分したものをのせ、それからケッパー6、アンチョビのフィレの半分（つまりアンチョビ1匹の四分の一）、ゆで卵の刻んだものをそれぞれにのせる。加熱中に中身がはみ出ないように端をきちんと折りこみながら巻く。タコ糸で縦にかけてしっかりと結ぶ。

❸ ココット鍋にオリーブオイルを大さじ2杯入れ、十分熱くなったら❷を入れる。すべての面に火が通るように返しながらキツネ色になるまで焼く。別に、みじん切りにしたたまねぎを炒め、これをココット鍋に加える。

❹ ブイヨンを半分の高さまで加え、ココット鍋にふたをし、それからカイエッタを時々裏返しながら、ごく弱火で1時間煮る。

Histoire

2月
Février

本物のニース料理を探求！

En quête d'authenticité !
Le massacre de la salade niçoise et de la ratatouille…

フランス人はすぐになんでも文句を言うという評判がありますが、私も今月はフランス人らしく、世界中で多くの料理人たちがわざと、あるいはそのつもりはなくともニース料理を滅茶苦茶にしていることに文句を言います！

ニース風サラダ「ラ・サラダ・ニサラルダ」を今月の最初のレシピとして選んだのはそういうわけです。この純粋で新鮮なサラダは大きな罪の犠牲となっています。本物のニース風サラダには、ゆで卵以外は新鮮なトマトを主とする生野菜しか入っておらず、味付けはオリーブオイルのみでビネガーは使いません。多くのレストランがさやいんげんやポテトなどの茹でた野菜が入ったサラダをニース風サラダと称して出していますが、これはすしにマヨネーズを入れるのと同じくらいの冒とくな行為…。こんなふうに茹で野菜を入れたサラダを新しいニース風サラダとして出しているレストランもありますが、それはもうニース風サラダとは呼べません！

ニース風サラダにどの魚を入れるかどうか考えるのは大目に見ることができます。歴史的に説明しますと、ツナ（まぐろ）は昔は値段の高い魚だったので食卓に上る機会はまれでした。その代わりに、ツナより買い求めやすい値段アンチョビーがよく登場しました。このように歴史を振り返ると、ニースの人々がツナとアンチョビーを一緒にサラダに入れない理由、そして、ツナかアンチョビーのどちらかを入れてもニース風サラダの味とスピリットを損なうことはない理由が分かります。

今月の二つ目のレシピは、ニース地方で最も有名で人気のあるもう一つの料理、ニース風ラタトゥイユ（ラ・ラタトゥイア・ニサルダ）です。ニースのアンジェ湾岸から広まったこの料理は今では世界中のレストランで人気となり、メニューにもその名をつらねています。しかし、多くのレストランでラタトゥイユと名付けられている料理は野菜を煮過ぎて柔らかくなりすぎているか、あるいは十分に煮込まれていないかのどちらかで、野菜が溶けたペースト状だったり、硬すぎる野菜が入っていたりすることもあるような均一感のない野菜の煮込みと化しています。

一般に信じられているのとは違いラタトゥイユは実は調理するのにとても時間がかかる料理なのです。どの野菜も均一に火が通るように、野菜はそれぞれ別々に調理するのが正しい方法です。私が子供のころ、ラタトゥイユは両親や叔父、叔母が長い時間をかけてつくる特別な一品で、毎日食卓に出るような料理ではありませんでした。それでも、ラタトゥイユは冷蔵庫に入れると数日間保存できる料理だと言えば料理の初心者でも作る勇気が湧くのではないでしょうか。

Recette

（本物の）ニース風サラダ
La (vraie) salade niçoise

材料（6人分）

中サイズのトマト10個、大きめのきゅうり1本200g、生のそら豆200（または小さめのアーティーチョーク12個）、ピーマン2個、小たまねぎ5個、バジリコの葉6枚、ニンニクひとかけら、ゆで卵3個、アンチョビの切り身12枚（またはツナ缶300g）、ニースの黒オリーブ100g、オリーブオイル、塩、コショウ

memo

ニース風サラダは本来は純粋でフレッシュなサラダだ。それなのにニース風サラダという名のもとになんとおかしなサラダがたくさん出回っていることだ。本物のニース風サラダの基本の材料はトマトで、ゆで卵を除けば材料は生野菜のみ。味付けにはビネガーは使わない。トマトに3回塩をふってオリーブオイルを少量かけるだけ！

　ニースっ子はアンチョビとツナを両方ともサラダに入れると思っている人も多いが、それは大きな間違いだ。昔、ツナは値段が高く、特別な機会にしか食卓にのぼらない魚だった。その代わりに普段使われていたのは手ごろな価格だったアンチョビーだった。だから、ニースの伝統ではツナとアンチョビー両方がサラダに入っていることはなかったのだ。ニース文化の評判を守りたいと願っている皆様、ニース風サラダには茹で野菜やポテトを絶対に入れないようお願いする。

作り方

❶ トマトを四つ切りして、まな板にのせたまま軽く塩をふる。ゆで卵も四つ切り、または輪切りにする。アンチョビーの切り身は三、四つに切り分ける（ツナの場合は身をほぐしておく）。きゅうりは皮をむいてから薄切りし、ピーマンは薄く輪切り、そしてたまねぎとアーティーチョーク、そら豆も薄切りする。

❷ にんにくのかけらを二つに切って、大きなサラダボウルの内側をにんにくでこすり、トマト以外の材料をすべて入れる。

❸ トマトの水気を切り、塩を少々ふってからサラダボウルに加える。

❹ オリーブオイル大さじ6杯、みじん切りしたバジリコ、塩、コショウを混ぜ合わせてソースを作る。冷蔵庫に入れて冷やしておいてからサラダにかける。それぞれの材料の色が鮮やかなので、そのコントラストを生かしながらサラダボウルにきれいに盛り付ける。

Recette

ニース風ラタトゥイユ（ラタトゥイア ニサルダ）
La ratatouille niçoise

材料

なす1kg、緑または赤のパプリカ1kg、ズッキーニ1kg、たまねぎ1kg、トマト1,5kg、にんにく5かけ、タイム5つまみ、パセリ1束、バジルの葉ひとつかみ（30枚）、オリーブオイル、塩、コショウ

作り方

❶ なすとズッキーニをそれぞれ1cmの厚みの輪切りにする。分けてボールに入れる。それぞれ塩を軽くふる。

❷ パプリカはへたと種を取り除いた後、細切りにし、別のボールに入れる。

❸ たまねぎをみじん切りにして塩をふる。

❹ トマトの皮をむき、種を取り、水気を取る。

❺ フライパンにオリーブオイルを大さじ3杯入れ、ふたをしてなすをしんなりと炒める。別のフライパンでズッキーニを同じように炒める。別のフライパンでパプリカを炒める。別のフライパンでたまねぎも同じように炒める。一つのフライパンだけ使うこともできるが、その場合は野菜を順番に1種類ずつ入れる。

❻ オリーブオイルを入れた厚底のキャスロールに、みじん切りしたにんにくとバジルとその他の香草と一緒に、トマトを指でつぶしながら入れて、ソース状になるまで煮込む。

❼ 特大のココット鍋をごくごく弱火にかけ、それぞれの野菜が火が通った時点で別々に投入していく。それには、ひんぱんに味見をして、火の通り具合をみること。また同様に、塩コショウで味をつけること。こうすることで野菜が、それぞれ最適の火の通り具合になる。歯ごたえを失わずに、それぞれの野菜の味が生きたおいしいラタトゥイユができあがる。

❽ ❻のトマトソースが十分濃縮したら❼に加えて、木さじでやさしく混ぜ合わせる。ふたで押さえながら鍋を傾け余分な油分を切って、食卓に供する。

memo

ニース伯爵領から発したラタトゥイユは、人気を得て、今ではどのレストランのメニューで見かけるようになった。代々続く家庭の味を試した後には、いろいろなラタトゥイユを食べ比べてあれこれ批評してみるのも楽しい。

Histoire

3月

Mars

四旬節とカーニバル！

Jeûne et fêtes !
Le carnaval (mardi gras), le Carême et Pâques...

　キリストの生誕を祝うクリスマスは日本のようにキリスト教ではない国でもお祝いされていますが、キリスト教徒にとって最も大切な祭日は復活祭でしょう。復活祭は神の息子キリストが殉教死してから3日後に復活したことを祝う日です。復活祭を祝うために食べ物は重要な役割を演じます。ニースの伝統的な復活祭の二つのレシピをご紹介しましょう。復活祭の日付は月暦で計算されるので毎年変わりますが、例年3月末から4月初旬の間になります。それとは逆に変わらないのが四旬節（カレーム）です。四旬節とは復活祭前に40日間続く、節欲と悔改の期間を意味します。子供のころは、四旬節のあいだは慈善活動を行なったり、肉や甘いものを食べない（「質素な食事」）ように言われていました。食習慣を変えることは宗教およびスピリチュアリティと深くかかわっています。このような節欲と悔改のための質素な食生活を前に勇気を奮い起こす、四旬節の前にはキリスト教とは関係ないカーニバル「マルディ・グラ」が開催されていました。「マルディ・グラ」ではお菓子をたくさん作ります。その中でも最もよく知られているニースのお菓子は「レ・ガンス」と呼ばれるカーニバルの揚げ菓子です。「レ・ガンス」にはいろいろなバージョンがありますが、ここではその中から二つのレシピを紹介します。

　一つ目は生地が厚めでほろほろと割れやすい「リ・ガンサ・エスペッシ」、二つ目はパリッとした歯ごたえのある「リ・ガンサ・デ・クエクー」。パウダーシュガーをふりかけたらすぐに食べましょう。外に長く置いておくと湿気って歯ごたえがなくなってしまうからです。四旬節はもうすぐなのでお菓子をちょっと食べ過ぎても言い訳は簡単です！ニースでは世界的にも有名で、フランス国内では最大のカーニバル「マルディ・グラ」が開催されることをご存じでしょうか。このカーニバルの主な見所は巨大な山車（もともとは張り子製）のパレードとイルミネーション。「マルディ・グラ」を「花合戦」と混同しないように気をつけましょう。「花合戦」も有名なカーニバルですが、こちらは夏も含め年を通して行なわれます。「花合戦」の見所はニース地方産の花で飾られた山車とニース美人が観客に向かって花をたくさん投げることです。四旬節（カレーム）はキリスト教の一連の儀式をもって幕を閉じます。キリストが弟子たちと最後の晩餐をした聖木曜日のミサ、キリストが十字架に打たれた聖金曜日のミサ、聖土曜日に旧市街の教会で行なわれる供え物式（このとき、キリストの像は喪の色である紫色の布地に包まれます）、そして最後に日曜日の復活祭でキリストの再来を祝って四旬節は終わります。聖金曜日はカトリック教徒にとっては断食の日ですが、質素な食べ物、ひよこ豆を食べることは許されているのでかなり軽めの断食です。皆様にご紹介するひよこ豆のレシピ「ラ・クエシャ・デ・セー」は私が子供のころに食べた料理です。作るのは簡単なのにとてもおいしい一品です。

Recette

レ・ガンス
Les ganses à pâte dense

[もちもちバージョン]

材料

小麦粉250g、グラニュー糖75g、卵黄2個、オレンジフラワーウオーター大さじ4杯、塩ひとつまみ、オリーブオイル揚げ油用、水、粉砂糖ふりかけ用

作り方

1. 小麦粉をグラニュー糖、卵黄、オレンジフラワーウオーターと混ぜ合わせ、しなやかな生地になるよう水を適量加えてこねる。
2. 生地を1時間寝かせておく。
3. 生地をちぎって小さめのピンポン玉の大きさに分けて丸めてめん棒で薄く伸ばす。
4. ピザカッターで2cm×15〜20cmの帯状にカット。帯状にカットした生地で結び目を作る。または、ピザカッターで縦方向に切れ目を入れる。

[ふわふわバージョン]

材料

小麦粉500g、全卵1個よくかきまぜたもの、オレンジフラワーウオーター大さじ4杯、塩ひとつまみ、水、オリーブオイル揚げ油用、粉砂糖ふりかけ用

作り方

1. 小麦粉、卵、オレンジフラワーウオーター、塩ひとつまみを混ぜ合わせてよくこねる。必要な場合には水を少々加えましょう。こねた生地を30分寝かせる。
2. 生地をめん棒でのばし、ピザカッターで帯状にカットして、帯状の生地で結び目を作る。または、ピザカッターで縦方向に切れ目を入れる。
3. 高温に熱したオリーブ・オイルできれいな焼き色がつくまで揚げたら、油を切ってすぐに粉砂糖をふりかける。

memo

上記の分量は4〜6人家族にぴったりです。

Recette

ひよこ豆のポテ
La potée de pois chiches

材料（6人分）

ひよこ豆（乾燥）300g、レタスの葉3枚、ニンニクひとかけら、たまねぎ1個、クローブ1個、小麦粉、オリーブオイル、塩、コショウ

---

memo

ひよこ豆は煮汁と一緒にスープとしていただくことができます。
冷ましてサラダとしても食べてもおいしいです。煮汁は冷めると、肉料理と同じようにジュレ状になります。そのままにしておいても、きれいに取り除いても、どちらでもかまいません。
ひよこ豆をミキサーにかけてピューレ状にする場合は、温かいうちにエキストラヴァージンオリーブオイルをひと筋かけてからいただきましょう。

作り方

1. ひよこ豆を、小麦粉少々と塩を加えたぬるま湯に24時間浸しておく。

2. 鋳物ホーロー鍋（ひよこ豆が触れると錆びる道具は避けてください）にひよこ豆、にんにく、クローブをさしたたまねぎを入れて、全体が隠れる程度の水を加えてふつふつするまで火にかける。塩は加えない。

3. 沸騰し始めたら火を弱めてレタスを加え、表面に薄い膜ができるようにオリーブオイルを注ぎ入れ、そのまま弱火で2時間煮込む。

4. ひよこ豆のポテを盛り分けたり、食べるときには木製のおたまやへら、木製のカトラリーのみ使用する。

Histoire

4月
Avril

春がやってきた！

C'est le printemps!
Histoire de l'annexion de Nice. Tolérance locale sur la pêche…

────────

　ニース料理は、季節によって特徴があり、少し日本の和菓子に似ているかもしれません。とはいっても、自然や自然の息吹に配慮してというよりも、ニース料理に欠かせない素材、特に野菜には季節、旬があるからです。実際のところ、肉や魚主体の料理とは異なり、野菜の料理ははるかに季節感があります。

　そういうわけで、今月はまず、春の到来を祝う春のティアン（「ティアン・デ・プリマ」）をご紹介します。一番の定番でかつ一番おいしい料理、けれども残念なことにごく限られたときにしか食べられません。というのは、春の新鮮な野菜がそろって初めておいしいものが出来上がるからです。

　2番目は、あっという間に作れますが、また同時に、なんともはかない料理、ヌナのサラダ「ヌナ・エン・サラダ」をご紹介します。ヌナ、プッチーナは、ごく小さな稚魚で、基本的に色と固さが違うだけです。ヌナの方が明るく透明な色なのに対し、プッチーナは不透明でまとわりつくような歯ざわりです。フランスでは、原則漁が禁止されていますが、アンチーブからマントンにかけてのコート・ダジュールでは、フランス第2帝政の特権で1860年から例外的に漁が認められています。この例外は、欧州連合の当局との難しい交渉を続けて、毎年更新されています。その条件は厳しく、春先の45日間のみ伝統的な漁法で、1日に船1艘あたり50kgまでの水揚げが許されるというものです。

　ヌナもプッチーナも、ニースの市場の魚屋で「ア・ラ・ベラ・プッチーナ！」（生きのいいプッチーナはいかがですか！）の掛け声で売られています。この雰囲気に触発されて、有名なフランスの歌手で私の叔父の学友ジルベール・ベコーは、「プロヴァンスの市場」の曲を作りました。

　この特権は、ニース伯爵領がサヴォア公爵領と同様にフランスに帰属した最後の領土だったことからきています。それまでニース伯爵領は、相対的な自治権を持っていたものの、サヴォア、サルディニアなどイタリアの各王国に帰属していました。ガリバルディがイタリアの統一を進めたときに、ニース伯爵領の独立は脅かされて、フランスに帰属するかイタリアに帰属するかの選択を迫られます。1860年4月に行なわれたニース人の投票で、フランスへの帰属の意思が表明されましたが、その帰属条件は現在でも疑問の余地があります。それに、時のフランスの権力者は、ニース人が本当に帰属を望んでいるのかを疑い、現地の行政機関を廃止しようと躍起になったことを記しておきたいと思います。こうしてニースには高等教育機関が1860年以降すべて廃止され、1965年にニース大学が創設されるまでそれが続きました。

Recette

春のティアン

Le tian de printemps

材料(6人分)

フェヴェット（通常より早く収穫されるソラマメ）300g、グリーンピース300g、ブレット1束500g、柔らかく小ぶりのアーティチョーク12、新たまねぎ (セベット)、パルメザンチーズ100 g、卵6、オリーブオイル、塩、コショウ

memo

私にとっては、一番の定番で一番おいしい料理。けれども残念なことにごく限られたときにしか食べられない。というのは、フェヴェット、グリンピース、生アーティチョーク、新たまねぎがすべてそろって初めておいしいものがで出来上がるからである。

作り方

❶ ボールに卵を割り入れ溶きほぐし、そこに塩、コショウ、パルメザンチーズのおろしたものを加える。

❷ フェヴェット（手に入らない場合は皮を取り除いたソラマメ）、グリーンピース、がくを取り除きみじん切りにしたアーティチョーク、小さく切り分けた新たまねぎ、糸切りにしたブレットの葉を加える。よく混ぜる。

❸ ❷をグラタン皿に入れてオーブンで加熱する。または、トゥルチアのレシピのような方法でフライパンで焼く。

Recette

プッチーナ（またはヌナ）のスープ

La soupe de poutine ou de nonnats

材料（4人分）

プッチーナかヌナ300g、水2ℓ、たまねぎ2、クローブ1、にんにく1かけ、ロリエ1/2枚、トマト2、オリーブオイル、塩、コショウ、お好みでサフラン

---

memo

「プッチーナ」と「ヌナ」にたいした違いはない。地中海のリビエラ地方に冬にとれるイワシ科の稚魚である。「ヌナ」の方が透明で少しだけ大きく、「プッチーナ」は不透明で大変デリケートですぐに傷みやすい。

作り方

❶ フライパンにオリーブオイルを入れ、みじん切りのたまねぎ、つぶしたにんにくを色がつくまで炒める。

❷ トマト、クローブ、ロリエを加える。さらにそのまま5分間火を通す。

❸ ❷をデグラッセし、それを背の高い片手鍋に入れ、沸騰した水を加える。

❹ 15分間沸騰させたら、細かい目のこし器で裏ごしする。再度沸騰させる。

❺ 稚魚を300g入れ、火からおろし、すぐに食卓に出す。

Recette

ヌナのサラダ（ヌナ・エン・サラダ）

Les nonnats en salade

材料（6人分）

ヌナ400g、大きめのたまねぎ3、にんにく6かけ、パセリ1束、ロリエ1枚、カナブジア（野生のオレガノまたはマヨラナ）1つまみ、タイム 、フィーヌゼルブ、レモンまたはビネガー、オリーブオイル、塩、コショウ

---

memo

シンプルに、ヌナを生で食べることもできる。その場合は、オリーブオイル、レモンと塩だけで味付けする。

作り方

❶ 水3ℓにたまねぎ、にんにく、パセリ、タイム、カナブジア、ロリエを入れて沸騰させる。沸騰したらそのまま15分間はゆうに煮出しクールブイヨンを作る。裏ごし器でこす。

❷ 目のごく細かい大きなざるにヌナを入れ、沸騰させた❶にくぐらせ、ざるの中で木べらでヌナをかき回す。

❸ クールブイヨンが再び煮立ったら、ヌナの入ったざるを取り出して、流水で2秒間冷やす。

❹ 水切りし、サラダボールに入れて塩、コショウ、オリーブオイル、レモンかビネガー、フィーヌゼルブで慎重に味付けする。

Histoire

5月

Mai

ニース街の転換期

Un nouveau paradigme!
Nice devient une ville de tourisme d'été grâce notamment à la promenade des Anglais...

———

1928 年に私の祖父が市長選挙に当選しましたが、その前は、ニースの観光シーズンと言えば冬で、イギリス、アメリカ、ロシアのブルジョワや貴族が街の丘に建つ大邸宅に避寒のために滞在していました。そのころ、街の中心部の方はと言えば、観光客は少なく、夏は皆無でした。祖父は、街の発展のためには、中心部に何らかの、1 年中続く経済活動を発展させることが必要だと直感で感じました。そこで、海に面した桟橋全体を再整備するという大事業を計画しました。この桟橋は「プロムナード・デ・ザングレ」と呼ばれ、当時はまだ曳船道(ひきふね)のようなものでしかありませんでした。その再整備計画は、海へ開かれた街にして、浜辺に夏季観光産業を起こし、街の観光を再生させることを意味しました。プロムナード・デ・ザングレの一部が開通して今日の姿になったのは 1930 年のことです。そして、その後、延伸が少しずつ実施されて、特に私の叔父は空港までつながる区間を整備しました。

こうした政治的な発意は、ニースという街の様相と運命を変えました。「プロムナード・デ・ザングレ」の整備のおかげで、この遊歩道に面した場所に多くのホテルや瀟洒(しょうしゃ)な邸宅が建ち並ぶようになりました。

夏の海岸を頭に浮かべたところで、今月ご紹介するのは、ピクニックの定番料理にできる 2 品、ピサラディエール「ピサラディエラ」とパン・バーニャ「パン・バーニャ」です。パン・バーニャは「濡らしたパン」という意味なのですが、もともとニース風サラダのことで、食べるだいぶ前に固くなった全粒粉パンを崩して入れたものが起源でした。このパンは、オイルとトマトの汁をたっぷりと吸い、サラダによく合うのです。今では、丸パンにニース風サラダの材料をはさんだサンドイッチとして知られ、便利でおいしい軽食です。ピサラディエールの方は、一種の玉ねぎのパイで、魚のピュレである「ピサラ」を塗ることからその名前がついています。温かいままでも冷めてもおいしく、簡単にできてこちらもピクニックにうってつけです。

私がまだ 10 代のころには、手づくりのパン・バーニャやピサラディエールを持って、家族でコート・ダジュールの、サン＝ジャン＝キャップ＝フェラ Saint-Jean-Cap-Ferrat 半島など、美しい入江の海岸によく海水浴に出かけたものです。コート・ダジュールの中でもこの一角は景観が保存されていて、豊かな自然、ターコイズ色の海、フランスのこの地方特有の瀟洒で贅沢(ぜいたく)な邸宅とが合わさって見事です。イギリスの俳優デヴィッド・ニーヴンやチャーリー・チャップリンはそうした邸宅の所有者であり、彼らのおかげで、コート・ダジュールのよそにはまねできないような今日の魅力がつくられているのです。

Recette

ピサラディエール
La pissaladière

材料（6人分）

パン生地またはパイ生地500g、たまねぎ3kg、にんにく2かけ、ニース産黒オリーブ150g、アンチョビ10枚またはピサラ大さじ3、タイム、オリーブオイル、塩、コショウ、砂糖

memo

ピサラディエールは、温かいままでも冷めてもおいしい。涼しい場所で4、5日間保存できる。

作り方

❶ たまねぎを薄切りにする。寸胴鍋に入れ、軽く塩をし、つぶしたにんにく、タイム1つまみ、オリーブオイル大さじ1と一緒にふたをしてごく弱火で蒸し煮する。たまねぎは色がつかないようにしながらしんなりとさせる。そこに砂糖5gを加える。

❷ パン生地を円周25cmの円形に伸ばす。それをタルト型にのせる。

❸ 暖かい場所に寝かせて発酵させ、その後かなり高温のオーブンで10分間「乾燥させる」。

❹ 十分に乾いた生地の表面にまんべんなくたまねぎを載せる。木べらでならしてから、オリーブを散らし、アンチョビを中心から放射状に間があまり空かないように並べる。または、ピサラ大さじ3をまんべんなく伸ばすともっと良い。オリーブオイルをたっぷりかける。

❺ 予熱して高温になったオーブンで約15分間加熱する。オーブンから出し、コショウをする。

Recette

元祖「パン・バーニャ」

Le «pan-bagnat» d'origine

材料（一つ分）

直径20cmの丸パン、にんにく1かけ、ビネガー、オリーブオイル、ニース風サラダの材料、塩、コショウ

作り方

❶ パンを水平に二つに切り、パンの身を少し取り除く。これがパン・バーニャのふたの部分と底の部分とになる。

❷ 2枚のパンの内側ににんにくをこすりつけ、少しビネガーをふり、たっぷりオイルをかけ、塩、コショウし、それからすでにご紹介したニース風サラダ（22ページ参照）の材料をパンではさむ。

❸ 少なくとも1時間冷やしてから、食卓に出す。

memo

パン・バーニャは「間食」つまり朝9時にとる軽食の代表格で、またピクニックに最適である。

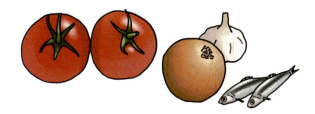

Histoire

6月

Juin

ドイツとのつながり

La connexion germanique!
Kirchner, Alphonse Karr. William Meyer, le Palace Hôtel. Dominique Le Stanc...

　ニースの街がイタリアの影響を受けているのはすぐに分かりますが、実はドイツとのつながりもあるというのことにも触れたいと思います。先月、「プロムナード・デ・ザングレ」の整備がニースにとって転換点だったという話をしました。ところで「プロムナード・デ・ザングレ」という名前は、バイエルン出身の父親を持つ、ニースの有名な詩人アルフォンス・カール Alphonse Karr がつけたのです。それから、アルザス人の技術者マルセル・キルシュネール Marcel Kirchner がいます。そしてまたドイツ系の私の曽祖父、ウイリアム・メイヤー William Meyer がいます。プロムナード・デ・ザングレ近くの中心街に、いまはなき豪華ホテル「パレスホテル」を1890 年に建てさせました。560 の客室と世界の最高級ホテルの名にふさわしいサービスを備えていましたが、1934 年にパレスホテルを高級住宅に改装することにしたのでした。「ル・パラス」と名前はそのまま残し、また、住宅のある通りはアルフォンス・カール通りと名づけられています。

　そして最後にアルザス出身のシェフドミニック・ル・スタンク Dominique Le Stanc がいます。今日ニース料理の伝統を見事に守っています。星を獲得したシェフであるル・スタンクは 80 年代の終わりにニースに呼ばれたのですが、ホテルネグレスコのレストランシャントゥクレールの総料理長ジャック・マキシマン Jacques Maximin の後を継ぐという難題を抱えてのことでした。マキシマンは、このレストランをコート・ダジュールで、そしてフランスで、さらには世界で最も有名なレストランにするのに貢献したシェフだったのです。シャントゥクレールにいたころ、ル・スタンクはニースの伝統を守った料理を作りましたが、再スタートを切ったときにそれは顕著に表れます。実のところ、歌劇場のすぐ近くの小さなレストラン「メランダ La Merenda」を買い取ったのです。レストランの名前はニース語で「軽食」を意味しますが、よくその特徴を表しています。小さな店なのに入ってみると素晴らしい美食が楽しめ、電話で予約もできないし、カード支払いもできないという……。このレストランでドミニック・ル・スタンクは料理の基本に立ち返ること、つまり市場で毎日調達した新鮮な食材でシンプルな料理をこしらえる、ということに専念すると決めているのです。

　私にとって「メランダ」はなじみの店で、店の創業者でかつ以前の所有者ジャン・ギュスティ Jean Giusti のころよく通いました。今月は彼に敬意を表し、メランダの看板料理であるニース風牛肉の蒸し煮「ドバ・ア・ラ・ニサルダ」とパニス「パニサ」をご紹介します。ニース風牛肉の蒸し煮は煮込み料理ですから、翌日一層おいしくなります。ですので、友人を夕食に招くときにうってつけです。ニースで最も伝統的なやり方としてはひよこ豆の粉で作る揚げ物のパニスを添えます。

Recette

ニース風牛肉の蒸し煮

La daube à la niçoise

材料(6人分)

煮込み用牛肉1200g、たまねぎ2、ニンジン4 、にんにく4かけ、大ぶりのトマト6、セロリ1本 、パセリ1束、タイム、ロリエ、乾燥セップ(戻す前の重さで) 60g、赤ワイングラス1杯、マール(ブドウの搾りかすで作ったブランデー) 30㎖、ラード、塩、コショウ、カイエンヌペッパー (お好みで) 、お好みでレモン、おろしたパルメザンチーズを添える

作り方

❶ セップを水につけて戻す。

❷ 肉を3cm角に切る。テーブルに載せて塩、コショウする。

❸ ソトゥーズ(フライパンの一種)に大さじ山盛り1のラードを入れ、四つ切りにしたたまねぎ、輪切りにしたニンジン、丸ごとのにんにく、セロリと束にした香草を強火で炒める。

❹ フライパンに、大さじ1のラードを入れ、牛肉を強火で炒める。こうすることで肉に均一に火が入り、煮崩れを防ぐ。

❺ よく炒めた肉を煮込み用鍋かココット鍋に入れ中火にかける。そのまま10分ほど炒める。

❻ 皮をむいて種を除いたトマトをつぶして、❺に入れる。たまねぎ、香草の束、色の強い良質のボルドーワインを大きなグラス1杯分、マール(ブランダ)30㎖を加えて、沸騰した水を、かぶるくらい入れる。

❼ 沸騰させ、いったん沸騰したらごく弱火にし、ことこと3時間煮込む。

❽ 3時間たったら、水気をしぼったセップを入れ、味を調え、必要であればカイエンヌペッパーを入れて風味を高める。さらにごく弱火で1時間煮る。

❾ ソースの浮き脂を少しだけ残し、それ以外は取り除いて食卓に出す。

memo

レモンを絞ったり、パルメザンチーズを入れたりして、この料理を食べることもある。それらは食卓に並べるようにして、鍋には絶対に入れないこと。この料理を使って、後でラビオリを作るためだ。煮込み料理はどれもそうだが、ニース風牛肉の蒸し煮は、前日に作るとさらにおいしい。冷蔵庫に入れたりして冷ますと、固まった脂分をほとんど全部取り除くことができる。それから時間をかけて温め直す。(電子レンジは避けること)

Recette

パニス
Les panisses

材料（6人分）
水2ℓ、ひよこ豆粉300g、オリーブオイル、塩、コショウ

作り方

❶ 6から8個の直径10cmほどのラムカン型を並べて内側の側面に軽く油を塗る。

❷ 水にごく少量の塩とオリーブオイル小さじ8を入れ沸騰させる。沸騰したらひよこ豆粉を入れて、泡だて器で絶えずかき混ぜながら、まとまりが出るまで火を通す。
加熱時間は5分から10分くらいである。木ベラで頑張ってかき混ぜ続ける。焦がさないように気をつける。そして高温の生地が跳ね返ってくるのでやけどしないように手はふきんでくるむ。

❸ ラムカン型に、生地を約2cmの高さまで入れる。そして、指先を水で濡らして表面を平らにならす。

❹ 数分間で生地は固まってしまうので、❸は、広い作業台で手早くかつ落ち着いて丁寧に行なうこと。
パニス生地はこのまま何時間も冷蔵庫で保存できる。これで出来上がったわけではなく、これから加熱が待っている。

❺ ラムカン型から取り出し、まな板の上でちょうど大きなフレンチフライのように2cm幅の拍子切りにする。

❻ オリーブオイルを揚げ物鍋に入れ熱し、そのままパニスを揚げる。

❼ キツネ色になったらすくい網を使って取り出し、余分な油をキッチンペーパーの上で切る。

❽ ペッパーミルでコショウをひき、塩をして、熱々を食卓に出す。

memo
パニスは冷まして砂糖をふって食べてもおいしい。そういうわけで生地にはごく薄く塩をしたほうがいい。

L'Été
— 夏 —

La promenade des Anglais

Juillet
7月

Août
8月

Septembre
9月

Histoire

7月

Juillet

音楽にあわせていきましょう

Sur un air de musique !
Mon père à Bayreuth. Le dîner des machinistes dans la maison familiale…

　私の一族は多くの政治家を輩出しましたが、その中で私の父は異色でした。というのは、音楽家としてもキャリアがあり、世界で最も有名なミラノスカラ座でオペラの演出家を務めたり、ニース歌劇場、その後パリのオペラ・コミック座で、ディレクターを務めたからです。

　1951年、第2次大戦後中断されていたバイロイト音楽祭が再開の準備を進めていました。フランス政府は重要な人物を派遣し、フランスの役割を保つことを考えましたが、かといって、ナチスドイツの時代に音楽祭の役割が問題視されていたので、政府の最重要人物を送ると、フランス政府が音楽祭にお墨付きを与えたととられかねない、と危惧しました。そこで議会の対外担当公使だった私の祖父が（第4共和制の政権の安定は、プロトコール上の仲介役による議会の連立に左右されていたので、それは重要なポストでした）フランス政府の代表として選ばれたのです。それに祖父には、妻がドイツ系の父を持ち、フランス語と同時にドイツ語を学ぶほどドイツ語が堪能だというのがありました。こうして祖父はドイツに発ちました。そして、ワグナー家との公式晩餐会の席でリヒャルト・ワグナーの子孫で、一家の長、有名な演出家であるヴィーラント・ワグナーの注意を引くのに成功しました。自分の妻にドイツ語で、ワグナーに息子を助手として働かせてもらえないかを尋ねさせ、"一生懸命に働くのでしたら結構ですよ。ほかの人の仕事の見物をしないでね"と念を押して承諾しました。

　バイロイト音楽祭は、1950年代、歌手、演奏家、裏方、事務方などが和気あいあいと一緒に仕事していて家庭的なイベントでした。このころ父は自分の率いるスタッフと近い関係を保っていました。それで、夏に、ニースの丘の上にあるレール・サン・ミッシェルの屋敷に、ニース歌劇場の裏方や電気担当などスタッフ全員を集めて夕食をふるまっていました。これは我が家の恒例の行事でした。その機会に、父の姉にあたる叔母が、ニースを代表する料理、ストックフィッシュ、野菜で引き立てた一種の魚の煮込みを作っていました。この料理は時間はかかりますが、作るのはわりと簡単です。けれども調理する人だけでなくほかの人もうんざりさせる障害が二つあります。タイセイヨウダラに似たタラを干したものなのですが、第1に、何日もかけて流水につけて塩抜きするほうがいいこと（戻す時間は大事なポイントで、そして魚によってさまざまです。我が家では味覚が鋭い祖母がその時間を見極める役でした）。第2に、煮ているときに匂うこと（これが何時間も続くのです）です。というわけで、ニースの海産物の伝統料理を作りたいけれどもわずらわしい思いはしたくない、という方のために、ストックフィッシュと合わせ、タコの料理をご紹介します。これで干しダラの下ごしらえに必要なものがなくても、海の幸がお好きな方に喜んでもらえるはずです。

Recette

ストックフィッシュ

Le stockfish

材料（6人分）

干しダラ1kg、干しダラ内臓100g、完熟トマト2kg、小さな新じゃがいも1kg、大ぶりのたまねぎ3、緑か黄、または赤パプリカ4の千切り、にんにく5かけ、ブーケガルニ1（パセリ、タイム、ロリエ、サリエット、フェンネル、マヨラナ）、ロリエ1枚、ニースの黒オリーブ300g、マール（ブランダ）ブランデーグラス1、オリーブオイル250㎖、塩、コショウ

memo

まちがいなく、この料理はニースの典型的な庶民の料理である。食通の味覚を刺激するだけでなく、詩情に訴えかける料理でもある。というのは、ニース語でこの料理をたたえる歌を声をそろえて歌ったりすること、そしてポール・ヴァレリーの好物で、かつ、ジュール・ロマンがニースに来たら必ず食べる料理だったからだ。

ニース伯爵領の人々が好む郷土料理の中でも、この料理は際だった風味がある。強烈な匂いにもかかわらず、よそから来た観光客でも、いろいろな味に慣れていなくても、この料理を嫌いにはならない。

もし加熱中に煮汁が少なくなりすぎたら、材料の残りを別に煮詰めたものを加えて、煮汁を伸ばすこともできる。

煮汁は食べるときにたっぷり必要で、じゃがいもを中でつぶしても汁気が残るくらいないといけない。

食卓にはオリーブオイルの小瓶を置くこと。「新鮮なオリーブオイルをたらりと」かけてこの料理を食べるのが伝統だからだ。

作り方

❶ 調理する1週間前に干しダラを3、4㎝の輪切りにし、それを内臓部分と一緒に寸胴鍋に入れ、工夫して、冷水が淀みなく循環するようにして塩抜きする。

❷ 調理の当日、食事の少なくとも6時間前に、皮、小骨、および腹の粘膜を取り除いてとっておく。魚の水気を切り身の部分をほぐして片手鍋に入れる。大きな寸胴鍋に、水2ℓ、たまねぎ2、にんにく1かけ、ロリエ1とともに小骨と皮等を入れ、ゆっくり沸騰させる。

❸ ソテ用フライパンに、たっぷり1㎝の高さにオリーブオイルを入れ、魚の身の水気をしぼってこれに加え、絶えず木べらでかき混ぜながら炒める。

❹ キツネ色がつき始めたらブランデーをかけ、残りのたまねぎとにんにくのみじん切り、ブーケガルニを加え、これをすべて厚底で大きなココット鍋に移す。ソテ用フライパンの底の焼き汁を、皮と種をとりつぶしたトマトを入れて溶かしココット鍋に入れ、さらにここに5㎜幅の千切りにした内臓とパプリカを加える。たっぷりとコショウをし、ふたをして、弱火で少なくとも2時間蒸し煮する。

❺ 蒸し器（またはクスクス器）で四つ切りにした新じゃがいもを蒸す。❹の加熱終了30分前、つまり蒸し煮を始めて2時間半ほどたったら、❹にニースの黒オリーブと蒸し上がった新じゃがいもを入れる。

Recette

ニース風タコの煮物（プルプレ・ア・ラ・ニサルダ）
Le poulpe à la niçoise

材料（6人分）

生のタコ1kg、たまねぎ1、生のトマト1kg、またはトマト缶500g、にんにく2かけ、ブーケガルニ1、乾燥タイムを1つまみ、ロリエ¼枚、コニャックを大きなワイングラス1、オリーブオイル、カイエンヌペッパー、お好みで塩

作り方

❶ まな板の上にタコを載せ、目の部分とくちばしを取り除く。墨をとっておいて使いたい場合は、袋状の胴をめくりあげナイフの先で墨袋に切り込みを入れ、小鍋に墨を出す。それから胴の中を空にしたらたっぷりの水で洗う。

❷ 腕の吸盤の汚れをしっかりとったあと、2㎝の大きさに切る。胴の部分を輪切りにしても大きすぎるときは、さらに半分に切る。フライパンを弱火にかけ、タコを入れふたをする。

❸ 片手鍋にオリーブオイル小さじ1、薄切りにしたにんにく、たまねぎを入れて炒める。キツネ色になったら、皮と種を除いたトマトを加える。

❹ タコが、焼き汁を全部吸ってしまったら、コニャックをグラス1かけ、フランベする。そして、ココット鍋に入れておく。

❺ タコを炒めたフライパンにコニャックをグラス四分の一入れて焼き汁を溶かし、それを❹のココット鍋に入れる。

❻ ❸のトマトソースが煮詰まったら、鍋の中で熱いままの状態のタコに加えて、30分間蒸し煮する。（お好みで）塩をし、カイエンヌペッパーで風味を高める。

❼ ニース風タコの煮物は一般的に、ご飯を盛って平たくした上に載せて食卓に出す。

memo

別バージョン
最終の煮込みの段階でサフランを1つまみ入れる。最近は、サフランの代わりに大さじ1のカレー粉を入れたりもする。たいへん良い味わいになる。さらに、墨のソースでタコを食べたい場合は、小鍋に少量のオリーブオイルを熱し、にんにく2かけとたまねぎ1個を炒めてから墨を入れ、このソースが十分温まったところでタコをあえればいい。

Histoire

8月
Août

食欲旺盛

Un gros appétit!
Grâce Nicolaï et la non automatisation de la cuisine. Une affaire pour ceux qui se lèvent tôt…

　夏の間に、我が家で働く人たちはだいたいが1年に一度の長期休暇をとっていたので、その間臨時の人たちに来てもらっていました。その中で最も印象に残っているスタッフの一人にグラース・ニコライ Grâce Nicolaï がいます。料理について一番多くのことを教えてくれたのは彼女でした。グラースはいつもの料理人の代わりに昼食を担当してくれ、午後は自分の家の家事にあてていました。だからといってグラースはごく短い時間仕事をしていたわけではありません。朝7時前には来て、何種類もの時間のかかる料理を作っていたのです。その料理の中で、今月は2種類のパスタ料理を選んで、レシピをご紹介しましょう。まず最初にキクというブレットを入れて作るパスタです。野菜をたくさん含み一般的なパスタよりも栄養バランスに優れ消化がよいパスタです。それからラビオリです。

　パスタ作りに時間がかかった理由の一つに、（祖母、叔父や叔母たち、いとこたちなど）食欲旺盛な約12人分という大量のパスタを準備する必要があったことが挙げられます。我が家には、食事にまつわるエピソードが数多くあります。それは何時間も続いたとか、美食をうたった大がかりな食事会を催したりしたことです。おそらく、たくさん食べるというのは、私の家では、公的な立場を大事にしていたことと大いに関係があります。選挙運動中にさまざまな集まりの機会があれば昼食や夕食を何回もとるのをいとわしく思ってはいけないと、家族は分かっていたからです。

　このレシピのために早起きすることになるもう一つの理由は、どんな機械化作業にもまったく不向きだからです。ある日、働き者のグラース・ニコライのために祖母の友人がフードプロセッサーを買いに行って気前よくプレゼントしたことがありました。それでキクのパスタに入れるブレットを刻むとグラースが楽になると考えたからです。でもそれは結局役に立ちませんでした。それを使うとブレットが水っぽくなり、肝心のブレットの歯ごたえが失われてしまうからです。そういうわけで、その日、グラースは仕事が倍に増えてしまいました。そのプレゼントをしてくれた人の目の前でプロセッサーを使って作業をし、その後目につかないところで具を捨てて、自分のナイフだけを頼りに再度作り直したからです。

　そういうわけで、ここにご紹介する2品をおいしく作るには、時間をかけるしかありません。それに、いまだに、祖母のキッチンの粉をふった大きな作業台に、グラースが早朝から根気よく時間をかけてこしらえた大量のパスタが並べられていたこと、そして昼食の始まる直前にぐつぐつと煮立ったお湯でさっとゆがいていたのを覚えています。このレシピを試してみたいけれど迷っているのでしたら、イタリアの伝統にかなったやり方をお教えしましょう。パスタをメインとして食べるのではなく、「プリモ」として少量、魚や肉料理の前にとるのです。

Recette

キク
Les «quicou»

材料 (6人分)

小麦粉600g、全卵3、ブレット1束の葉の部分 、オリーブオイル大さじ3、塩、コショウ

作り方

❶ ブレットの白い部分を除いて葉の部分だけを切り分ける。細かく千切りにしよく水で洗い、水に緑色がつかなくなるまでこれを続ける。

❷ ブレットの葉の水気をしぼって、ふきんでよく水気を切る。

❸ ボールに卵を割りいれ溶きほぐし、そこにオリーブオイル大さじ3、塩、コショウ、さらに❷を加える。小麦粉とごく少量の水とを交互に少しずつ加えて、滑らかでしっかりした生地にまとめる。

❹ ❸を麺棒で2cmの厚さに伸ばす。パイカッターを使って、縦横5cm×2cmの長方形に切り分け、まんべんなく粉をふった作業台に載せる。

❺ 沸騰したお湯で10分ほどゆでる。ざるであげて水気を切り食卓に出す。

memo

「キク」は、バターとおろしたチーズで味つけすることもできるが、トマトソースで食べる方が好まれるかもしれない。

Recette

ニース風ラビオリ（ライオラ・ア・ラ・ニサルダ）

Les raviolis à la niçoise

材料（6人分）

生地
小麦粉700g、全卵5、塩25g、冷水

具
牛肉の蒸し煮500g、ブレットの葉1kg、にんにく1かけ、小さめのたまねぎ1、タイム1つまみ、ナツメグ、全卵2、おろしたパルメザンチーズ200g、オリーブオイル、塩、コショウ

作り方

❶ 小麦粉をふるいにかける。作業台の上に粉を盛り上げ、中央にくぼみを作ってそこに割りほぐした卵、塩、水大さじ1を入れる。指で粉を少しずつ混ぜてこね上げる。

❷ しっかりこねるうちに、生地は手のひらにまとまるくらいの固さになる。ボールに入れてふきんをかぶせ1時間寝かせる。

❸ ラビオリの生地を紙の薄さになるよう伸ばす。

❹ 具を準備する。蒸し煮牛肉、ブレットの緑の部分をゆがいたもの、卵、タイム1つまみ、少量のナツメグ、にんにく、塩、コショウをチョッパーにかける。出来上がった具がぱさつくようであれば、肉の煮汁を大さじ1加える。

❺ 伸ばした生地をおおよそ3.5cm×2.5cmの長方形に切り分ける。生地の片側に少量の具を載せ、反対側をかぶせ、端をつまんで具をしっかり閉じこめる。

❻ できたラビオリは小麦粉をふった作業台の上で、よく粉をふっておけば数時間置くことができる。

❼ ラビオリは、牛肉の蒸し煮のソースにパルメザンチーズをかけて食卓に出す。オーブンにかけて焼き上げるのを考える人がいるかもしれないが、決してしてはいけない。

memo

牛肉の蒸し煮は前日に作るのをお勧めするが、ラビオリは食べる当日に作るのが望ましい。作ってから火を通すまで何時間もたつと、具が発酵したようになって、当然のことながら味が落ちるからである。

Histoire

9月
Septembre

時間の問題

Une question de temps!
Du temps et des produits. Visite à l'Elysée...

　食品加工業の近年の技術の進歩には目覚ましいものがあり、大量の製品を安価に生産することに成功し、その後は品質の向上に重点を置いていますが、料理を手作りするには時間が必要だというのは、いつの時代も変わりありません。カット野菜を使うようなちょっとした「こつ」で、調理時間が短縮されますが、時間への投資はやはり大事なのです。私は個人的には、時間をかけることは肯定的なことだと思っています。毎食ごちそうを食べなければならないという義務はどこにもありませんが、夕食に招いて料理に手間をかけてもてなすのが招待客に対する敬意の証しとなる場合があると思うのです。料理することに少しでも喜びを見出すのであれば、キッチンで過ごす時間は楽しくもあります。作って楽しい料理を作ることで自分が楽しみ、お客に食べてもらい喜んでもらうこと、この二つで、料理というものは成り立っているのです。

　というわけで、今月ご紹介するのは準備に時間がかかり、自分が気に入っている人だけにとっておくべき料理、ニース風野菜の詰め物のオーブン焼き5品です。詰め物の基本はほとんど一緒ですが、野菜ごとに詰め物を変えています。今日、野菜別に詰め物を作る手間をとるレストランなどほとんどありません。しかしそうすることで、料理に特別で繊細な味を作り出すことができるのです。一回の食事に5品の野菜の詰め物を作る必要はまったくありませんが、少なくとも3品は作るのがよいかと思います。

　すべての詰め物を作れない場合があると思いますが、一つは、材料に足りないものがあるときです。特に、ズッキーニの詰め物にはニースの丸いズッキーニを使います。ニースのズッキーニは、薄い緑色と繊細でとろりと柔らかい身でほかのズッキーニと異なります。この品種が手に入らないのでしたら、この料理は作らないことをお勧めします。ほかの品種は、作っても結果に満足できないおそれがあるからです。残念なことに、いやむしろ家庭料理を守っていくという意味では幸いにも、おいしさを十分に引き出すのは、時間や素材以外にはないのです。

　作るのに大変時間がかかっても、味わう時間はごく短いものです。うちの家系は皆、食べるのが早いのですが、それは長く続いた政治家の家系のせいかもしれません。市民と話もしないといけませんし、かといって食べ物を口に入れたまましゃべるわけにはいかないからです。この点については、父が何度も話していた、エリゼ宮で大統領と昼食をとったときのエピソードがあります。「私がナイフとフォークを皿の両側に置いたら、ちょっと休んで、同じようにすること。こうすれば、ほかの招待客のペースと同じになるから」こうして、ほかの人が追いつこうと食べている間に沈黙が生まれ、私の家族はそれをうまく利用して発言できたにちがいありません。

野菜の詰め物のオーブン焼き（エンプラン）5種

Les farcis

詰め物をして食べられる野菜はたくさんある。
「詰め物」とひとことで言っても違ったタイプがあるので、
これから、いろいろな野菜の詰め物のレシピを紹介したい。
野菜の詰め物は熱々で食べられるが、夏は冷えたものもおいしい。

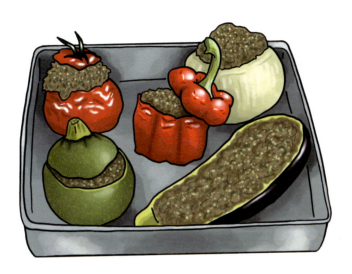

［たまねぎ（セバ）］

材料（12人分）

大きめのたまねぎ6、脂分の少ないプティサレ50g、バジル5枚、米20g、おろしたパルメザンチーズ100g、卵2、パン粉、オリーブオイル、塩、コショウ

作り方

❶ たまねぎの皮をむき、真ん中で横半分に切る。軽く煮立たせたお湯で10分間ゆでる。

❷ お湯から上げて水気を切り、中身をくりぬき、二つのドームにする。

❸ 米をたっぷりの水で20分煮て、水気を切りボールに入れる。そこにたまねぎのくりぬいた部分をみじん切りにしたもの、細かくみじん切りにしたプティサレとバジル、パルメザンチーズとほぐした卵を加える。よく混ぜて塩、コショウし味を調える。

❹ ❸の具をたまねぎに詰める。油を塗ったグラタン皿に入れ、たっぷりとパン粉をかける。

❺ ❹のたまねぎ一つ一つにオリーブオイルをかけ、中火のオーブンで30分間焼く。

Recette 野菜の詰め物のオーブン焼き（エンプラン）5種
Les farcis

[パプリカ（ペブルン）]

材料（12人分）

赤または黄の大きなパプリカ12、プティサレまたはボンレスハム100g、大きめのたまねぎ2、千切りにしたパプリカ4、バジル6枚、にんにく2かけ、米50g、おろしたパルメザンチーズ100g、全卵4、オリーブオイル、塩、コショウ

作り方

1. パプリカをよく洗い、へたの側から中をくりぬき、内側の種をすべて取り除く。
2. ココット鍋にオリーブオイル大さじ4を入れ火にかける。細かくみじん切りにしたプティサレと薄切りにしたたまねぎ、バジルのみじん切り、千切りのパプリカ、生の米を洗わずに加える。これを炒め、それから250mlの熱湯を加える。弱火で20分煮る。
3. ❷を冷ます。パルメザンチーズ、ほぐした卵を加えよく混ぜる。塩、コショウをして味を調える。
4. ❸をパプリカに詰める。油を塗ったグラタン皿に並べる。中火のオーブンで30分間焼く。途中でパプリカをひっくり返すこと。

[ズッキーニ（クグルデタ）]

材料（12人分）

小さめの丸ズッキーニ12、プティサレまたはボンレスハム50g、大きめのたまねぎ1、バジル5枚、ブレット12枚、にんにく1かけ、米30g、おろしたパルメザンチーズ100g、卵2、パン粉、オリーブオイル、塩、コショウ

作り方

1. ズッキーニを洗い、水気をとって、へたの部分を切り落とす。10分間、四つ切りにしたたまねぎと一緒にゆでる。（塩は入れない）
2. 米をたっぷりの水で20分煮る。水気を切る。
3. ズッキーニを横半分に切り、テーブルの上に切った面を上にして置き、小さなさじで穴を開けないよう気をつけながら身をくりぬく。
4. ❸の中身と、ゆでたたまねぎ、にんにく、プティサレ、バジルおよびブレットをみじん切りにする。
5. ❹をボールに入れ、パルメザンチーズ、米、ほぐした全卵を加えよく混ぜる。
6. カップ状のズッキーニに❺を詰める。パン粉を軽く振り、油を塗ったグラタン皿に入れる。中火のオーブンで30分間焼く。

Chauds et froids ils sont délicieux

[トマト(トゥマティ)]

材料(12人分)

トマト10、プティサレ50g、牛ひき肉50g、豚ひき肉50g、たまねぎ2、にんにく1かけ、ブレットの葉12、パセリまたはバジルの茎10本、おろしたパルメザンチーズ100g、全卵2、オリーブオイル、塩、コショウ

作り方

❶ トマト8個を洗い水気を切って半分に切る。種を取り塩をふる。10分間風通しのよいところに置き、それから網の上に切った面を下にして置き、水分を出す。

❷ その間、ココット鍋にオリーブオイル大さじ2を入れ、たまねぎのみじん切り、皮をむいて種を取り水気を切ったトマト2、みじん切りのにんにく、ブレットの緑の部分のみじん切り、プティサレのみじん切り、牛と豚のひき肉、パセリまたはバジルを入れる。

❸ ❷を約15分間中火にかけ、火から下ろし、ゆっくり冷ます。

❹ パルメザンチーズ、全卵を加えよく混ぜる。塩、コショウで味を調える。

❺ トマトに❹を詰め、詰め終わったら油を塗ったグラタン皿に入れる。オリーブオイルを回しかけ、中火のオーブンで30分間焼く。

[なす(メレンジャイナ)]

材料(12人分)

なす6、プティサレまたはボンレスハム50g、アンチョビのフィレ2、大きめのたまねぎ1、にんにく1 かけ、ブレットの葉12、おろしたパルメザンチーズ100g、全卵2、パン粉、オリーブオイル、塩、コショウ、ソスン（トマトソース）250㎖

作り方

❶ なすのガクとヘタを取り、洗って、水気を取る。四つ切りにしたたまねぎとにんにくと共に15分間ゆでる。

❷ なすを縦に半分に切る。冷まして中身をくりぬき身は取っておく。

❸ アンチョビを塩抜きし、きれいにして、ピュレにしボールに入れ、パン粉大さじ1、みじん切りのプティサレ、パルメザンチーズ、ほぐした卵、なすの身とみじん切りのブレットの葉を加え混ぜる。

❹ なすに❸を詰め、詰め終わったら油を塗ったグラタン皿に入れる。小さじで、なすにソスンを薄く塗る。オリーブオイルを回しかけ、中火のオーブンで1時間焼く。

L' Automne

— 秋 —

Octobre	Novembre	Décembre
10月	11月	12月

Histoire

10月
Octobre

花を食べる

Manger des fleurs!
Le cours Saleya et le marché aux fleurs...

　ニース料理には、和食のように、昔から花を使った料理があります。一部の料理人は、見かけ重視で花を皿にあしらい、その花を食べると、味がないか、最悪まずいこともありますが、ここで、それを話題にしたいわけではありません。私たちは花を調理して食べますが、中でも特によく調理する花は、ズッキーニの花です。これは、鮮やかな黄色で美しいだけではなく、何よりも味わい深い花なのです。ニースのズッキーニの花はかなり大きく、ほとんど手のひら大で繊細な味の身をしています。今月、これを、「天ぷら」の衣を思わせるような軽い衣を使って作るベニェをご紹介します。この調理法は、ズッキーニの花の風味と繊細さを余すことなく引き出してくれます。

　ニースで、良質の野菜や花が手に入るのは、サレヤ大通り cours Saleya の市場です。野菜と花のまさに中間、とも言えるズッキーニの花はここでは人気があります。80年代にこの大通りを現在のような趣に整備したのは私の叔父です。それ以前の花市場は、あまりエレガントではないコンクリートの建物に入った屋内市場でした。ニースは、太陽がセールスポイントなので、地元の花卉栽培の魅力を太陽のもとで引き出さないのはもったいないと考えたからです。実際に、ニースの地方は花卉栽培で有名で、ミモザのような地元の特産種は、飛行機で来る観光客さえ、よく持ち帰ったりするほどです。

　こうしたニースの花は、特に3月のコーナーで触れた「花のパレード（フランス語で『花合戦』）」に使われます。このパレードはカーニバルのときに実施されますが、夏にも行なわれます。約10台の山車が花で飾られ、その上に乗ったモデルたちが見物客に向かって花をまきます。昔は見物客の方も山車に上がって花をまいていたことが、「花合戦」の名前の由来です。参加者はニースの伝統的衣装をまとい、近隣のイタリアの街のフラッグショーが披露されるなど、フランスでも最も素晴らしい地方の祭りの一つとなっています。

　ニースを代表するこの祭りを見るチャンスがないとすれば、せめてサレヤ大通りを散歩して、名物「ソッカ」を味わってみてください。ソッカは、ひよこ豆粉がベースの大変大きなガレットの一種で、銅製の丸いプレート（直径は1mに達することもよくあります）で薪で焼きます。焼きあがると小さなナイフのようなもので不均等に切り分け、円錐状に巻いた新聞紙に入れて熱々のままサーブされます（衛生基準がゆるかった昔は少なくともそうでした）。もしニースに来る機会がありましたら、ぜひサレヤ大通りの「シェ・テレザ Chez Thérésa」のスタンドに寄ってソッカを食べてみてください。ソッカは、旧市街にある同じ名前のレストランから直接、特製のソッカ鍋用牽引を使い小型バイクで直接運ばれてきます。食道楽というのは、おいしいもののためには、まったくアイデアが尽きないものですね。

Recette

クルジュの花のベニェ

Les beignets de fleurs de courge

材料（6人分）

クルジュの花36、パセリ1束、小麦粉150g、全卵2、冷たい牛乳250㎖、オリーブオイル、塩、コショウ

作り方

❶ クルジュの花の汚れをとり、茎と中央にある固い雌しべを取り除き、大理石の台か、あるいはまな板の上に逆さにして置く。

❷ ボールに小麦粉150gを入れ、中央に卵の黄身2、塩1つまみ、オリーブオイル小さじ1を加える。牛乳を少しずつ加えながら泡だて器で混ぜる。そこに、卵の白身を固く泡立てたものを手早く混ぜる。

❸ ❷の生地に、パセリを20本ほどきざんで混ぜ、塩、コショウする。

❹ 花を一つずつ❸の衣につけ、高温の揚げ物油に投入する。キツネ色になったら、油からあげてキッチンペーパーを敷いた皿に並べる。

❺ クルジュの花のベニェはスソンを添えて食卓に出してもいい。少し冷めた状態で食べる。

memo

クルジュの花は、詰め物にするなど、さまざまな調理法で味わうことができる。けれども私は、その繊細な香りを一番引き立たせるベニェで食べるのが好きだ。

Recette

ソッカ
La socca

材料(直径50cmのプレート)2枚分

水1ℓ、ヒヨコ豆粉250g、オリーブオイル大さじ8、精製塩小さじ1

作り方

❶ 寸胴鍋に冷水1ℓを入れる。そこにひよこ豆粉250g、オリーブオイル大さじ8、精製塩小さじ1を入れ、泡だて器で、ダマができないようよくかき混ぜる。

❷ 専用のプレートに軽く油をぬり、その上に、こし器でこしながら❶を注ぐ。非常に高温に設定した焼き釜で焼く。
ソッカは身近なキッチン設備・用具を使って焼いてみることもできる。その場合、端が垂直に立ち上がったオーブン用の鍋を使う。油をぬった鍋に生地を2、3mmの厚さだけ入れる。1時間はたっぷりとオーブンを予熱し、ソッカを入れる時点でグリルを点火し強火にする。グリルに近いところに入れて焼く。気泡ができたらナイフの先で穴を開ける。

❸ 生地の表面がキツネ色になり、何カ所か軽く焦げ目がついたら、オーブンから出し、5cm四方の正方形に切り分け、すぐに食卓に出す。たっぷりコショウをふる。

memo

ソッカは、薪火の焼き釜で焼くので、大きな銅製のタルト型が必要である。家庭では、端が立ち上がった鍋を使えばオーブンのグリルで焼ける。
この方法で焼いたソッカには薪の火独特の香ばしさがないのは残念である。

Histoire

11月
Novembre

冬に向けて作る保存食

Des provisions pour l'hiver!
Faire des conserves…

　ニース伯爵領の自然の恵みと言えば、三つ、野菜、果物、花があります。それで、ニース料理は季節感がありよく野菜を使うのです。では食道楽は、野菜の少ない冬をどうやって過ごすのでしょう。その間だけおいしいものを絶つことを余儀なくされるのでしょうか。そんなことはありません。秘訣は、野菜や果物が旬で最もおいしい夏の間に作る保存食にあります。私の家では夏にかなりの時間を割いてさまざまな食材を保存していました。殺菌処理というごく簡単でしかもたいへん自然な方法を使ってです。保存料や味覚増進剤をたくさん含む加工食品と比べてはるかにナチュラルなのです。こうした保存食の容器の定番は「ル・パルフェ」というガラス瓶です。誰もが家庭で慣れ親しんでいる象徴的グッズと化していて、レストランの中にはこれに料理や飲み物を入れて出すところもあります。

　言うまでもなく、すべての野菜を保存するのが目的ではありません。カボチャ類のように風味の高い冬野菜もたくさんあります。しかし出番の多いトマトのような野菜などは、良い状態で保存したものに代わるものは何もありません。未熟のまま収穫され輸送段階で完熟させられて販売される冬のトマトは、味がしません。夏の間にトマトを丸ごと瓶詰めすることで、味のある（旬のトマトを買って作るため）安価で優れた食材を手元に置くことができるのです。

　夏には生のトマト、冬には瓶詰めの丸ごとトマトを使って、ニースの伝統的なトマトソースである「ソスン」を準備します。このソースは、ピザ生地に塗るソースとして、または料理の付け合わせとして使えます。ソスンと極めて相性がいいのはニョッキです。これはジャガイモをベースにしたパスタで、トマトソースの軽い酸味とジャガイモの甘味が抜群に合うのです。ニョッキはまた、上にトリュフを散らして食べるのもお勧めです。その優しい味がトリュフの繊細な香りをよく生かしてくれます。

　ニョッキは一つ一つこしらえるので時間がかかります。円柱状にしたり、フォークの背を使って丸めたり、親指で押してへこませたりパスタに飾りをつけるからです。逆に生地自体を作るには時間はかかりません。手づくりのニョッキを食べると、口の中で文字どおりとろけるような食感を味わうことができます。その口どけの良さは、大量生産されたニョッキにはとうていまねできません。ですので、前菜用に少量でも、ニョッキを手作りすることを強くお勧めします。というのは、こんな思い出があるからです。8歳のとき両親や祖母と、レマン湖畔のスイス側の豪華ホテルに数日間滞在したときのことです。前菜にニョッキを注文しました。すると、銀製の美しい容器が運ばれてきて、その中にはニョッキが三つだけ鎮座していたのです。そのときどんなにがっかりしたことか。いくら前菜でも、上品なそのホテルは、もう少し量を増やしてもよかったのではないでしょうか。

53

Recette

トマトソース
La sauce tomate

ソース 2ℓ

完熟トマト5kg、たまねぎ4、にんにく4かけ、ブーケガルニ1、バジルの葉10、パセリの茎10、直方体角砂糖6、カイエンヌペッパー、オリーブオイル、塩、コショウ

memo

このソースは冷蔵庫で5、6日間保存できる。トマトは外気に触れるとすぐに発酵してしまうので、特に火を使うキッチンに置いたままにしてはいけない。料理にかけることもできるし、パスタの基本のソースとしても使える。

作り方

❶ トマトの皮をむき種をとる。

❷ 大きなフライパンにオリーブオイルを入れ、たまねぎのみじん切り、にんにく3かけのみじん切り、バジル8枚、パセリとブーケガルニを炒める。

❸ 背の高い片手鍋に、角砂糖を入れた中にトマトを加え、約10分間煮立たせ、その後、目の細かいこし器で余分な水分を切る。もう一度鍋に戻して火を通し、トマトを少し「乾かせる」。

❹ 火から下ろし、生のにんにく1のみじん切り、生バジル2のスライスを加える。塩、コショウし、味を見てカイエンヌペッパーを加える。

Recette

ニョッキ
Les gnocchis

材料（6人分）

古くでんぷん質の多いじゃがいも1kg、小麦粉250g、卵1、おろしたパルメザンチーズ、バター、塩、コショウ

memo
ニョッキは、コショウ、パルメザンチーズとバターで味付けしてもいいが、トマトソースであえたり、白トリュフをちらしたり、牛肉の煮込みとあわせたりするとさらにおいしい。

作り方

❶ 皮をむいたじゃがいもを塩をした水に入れ沸騰させる。

❷ じゃがいもがよく煮えたら、細かい裏ごしをつけたムリネットでつぶし、熱いままよく練り、そこに小麦粉と軽く割りほぐした卵を加えて混ぜる。生地が均一になったら、30分間寝かす。

❸ 生地をみかん大に小分けし、粉をふった大理石の台に手で転がし、指の太さの棒状にする。

❹ ナイフで、2cmの長さに切り分ける。

❺ 親指を使って、一つずつ、火の通りをよくするためニョッキの中央にくぼみをつける。

❻ たっぷりの水を沸騰させ、ニョッキを入れ、浮き上がってくるまで待つ。水面に浮き上がったら、煮えた証拠である。

❼ しっかりと水気を切り、深皿に入れる。

Histoire

12月
Décembre

　ニース地方の史実やいろいろな話、そして料理のレシピをご紹介してきましたが、今回これで最終回となります。ニース伯爵領ではクリスマスの準備をどのようにして、そしてどのように祝うのかをご紹介して崇高な中にこのシリーズの幕を引きたいと思います。まず、イエス・キリストの生誕日12月24日から数えて4回の日曜日を含む期間は、アドヴェントと呼ばれています。この期間キリスト教徒は、瞑想や内省を実践し、典礼上の新年の準備をするよう呼びかけられます。年頭にご紹介した四旬節と異なって、アドヴェントには特別な食事の習慣というものはありません。12月1日から24日までのカレンダーで、数字のついた小窓を毎日開けると宗教的な絵が現れるアドヴェントカレンダーを買う習慣はありました。（今日では宗教的な意味合いのない多くのカレンダーが売られています）そして、我が家ではクリスマスの数週間前にはキリスト生誕群像、クレッシュを準備していました。これはフランス南部の伝統で、ニース伯爵領だけのものではありません。キリストの生誕を再現した模型のようなものです。登場人物は素焼きの像に色づけして作られ、この地方の住民の特徴をよく表しています。「サントン人形」とも呼ばれており、毎年、一つの人形を買い足すのが慣わしです。我が家では父が担当し、私と一緒に選んでいました。12月24日夜は、キリストの生誕を祝う真夜中のミサに出かけ、教会から戻ったら、生まれたばかりのキリスト像をクレッシュに置いてから賛美歌を歌ったものです。

　ニースの伝統では、このようにクリスマスイブにあたる12月24日の夜がクライマックスにあたります。クリスマス当日の12月25日にはプレゼントを交換し、豪勢な朝食を食べたりもしましたが、24日の夜こそ特別な意味を持っていました。まず毎年、金、銀、パステル、緑と赤…というようにテーマカラーを決めて食卓を豪華に飾り、クリスマスツリーもその色に合わせ飾り付けしていました。それから、ミサが控えているので、いわゆる「脂肪分の少ない」（肉は食べずに25日にとっておく）食事をとりました。この

ニースのクリスマス

Un Noël Niçois!
13 desserts et cacha fuec…

とき私が食べるものは 40 年来ずっと同じものです。まずカルドンです。これはこの地方特産の野菜で、バターではなくオリーブオイルで一種のベシャメルソースを作ってあえたレシピを今回ご紹介します。そして、魚料理を少なくとも一品いただきます。最後に 13 種のデザートを食べます。この 13 のデザートはキリストとその 12 人の使徒のシンボルとされています。その中身は自由に組み合わせられますが、必ずとらなければならないものがあります。果物（マンダリン、オレンジなど）、ドライフルーツ（よくキャトル・マンディアンと呼ばれるもので、四つの果物がそれぞれ修道会を表す。アーモンドがカルメル会、イチジクがフランシスコ会、干しブドウがドミニコ会、クルミがアウグスティヌス会）、ヌガー、果物のコンフィ、そしてブレットのトゥルトです。ブレットのトゥルトはニースの典型的デザートで、普通は料理に使う野菜ブレットを入れて作ります。甘くコンフィされた独特のおいしさのあるデザートです。砂糖の量はレシピにより異なります。私は祖母のレシピを採用しましたが、叔父が著書の中で紹介するレシピは砂糖の分量をかなり増やしています。

　クリスマスイブは、ニース語で「カシャ・フエック」といい、そのまま訳すと隠し火を意味します。伝統的には、真夜中のミサに出かける前に灰の下に火の粉を隠しておき、ミサから戻ったら再度火をともすのです。そういうふうにして、私が子どものころは、家長である祖母を中心に、叔父たち、叔母たち、いとこ、そして家族ぐるみの友人（ニース大聖堂の主席司祭がいました）を加えて何十人もの人が食卓についていました。11 時ころになると火を暖炉に隠して、自宅屋敷から旧市街にあるサント・レパラット大聖堂 Cathédrale Sainte Réparate まで一緒に向かい、キリストの誕生を祝ったものです。カシャ・フエックは、ニース料理の伝統の中で記憶すべき時間であり、このコラムの締めくくりにふさわしい余韻を残してくれることでしょう。

Recette

ニース風カルドン

Le cardon niçois

材料（6人分）

汚れを取り除いたカルドン1kg、にんにく5かけ、たまねぎ2、パセリ1束、ロリエ1枚、タイムの茎2本、赤トウガラシ½、アンチョビのフィレ4、小麦粉、オリーブオイル、塩、コショウ

作り方

❶ カルドンは、葉を取り除いて茎だけにし3cmの筒切りにして筋を取る。取り終わったものから順に酸化を防ぐために冷水に漬ける。

❷ 大きな寸胴鍋に3ℓの水を入れ、にんにく2かけ、四つ切りにしたたまねぎ2、パセリの束の半分、ロリエ、タイムと赤トウガラシを束にして入れ、よく香りをつける。

❸ ❷にカルドンを入れ20分間ゆでる。それから水気を切り、厚底のココット鍋に入れておく。

❹ 片手鍋にオリーブオイル大さじ1と小麦粉大さじ1を入れて炒めルーを作る。

❺ すり鉢でにんにく3かけ、あらかじめ塩抜きをしっかりして小骨をとったアンチョビ4をすりつぶす。みじん切りにしたパセリ大さじ6を加える。よく混ぜる。それから、ルーの中に加え、2、3分間、木べらで混ぜながら煮る。

❻ ❺に、カルドンの煮汁をレードル2、3杯分入れて伸ばし、上からかけるのにちょうどよいとろみ加減のソースにする。これをカルドンの上にかけ、軽く煮込んで食卓に出す。

memo

カルドンはわりと手に入りにくい野菜である。そして、昔はクリスマスイブの行事のときのメイン料理として、その機会のためだけに栽培されていた。
下ごしらえのときに指がとても汚れるので、ゴム手袋をして作業することをお勧めする。

Recette

ブレットのトゥルト
La tourte de blette

材料（6人分）

生地
小麦粉500g、バター 200g、砂糖150g 全卵2、塩1つまみ、水

具
ブレットの葉1kg（できれば若く柔かい葉）、おろしたパルメザンチーズ30g、卵2、りんご（レネット種）6、コリントレーズン50g (ラム酒に漬けたもの)、マラガレーズン50g（ラム酒に漬けたもの）、松の実50g、ニース地方のマール50㎖、粗糖100g、オリーブオイル大さじ1、コショウ1つまみ

作り方

❶ 生地を作る。小麦粉を作業台の上に盛り上げる。卵を割りほぐす。そして、粉の中央にくぼみを作って、そこに卵、柔らかくしたバター、砂糖、塩を入れる。指で粉を少しずつ混ぜてひとかたまりにするが、こねすぎないこと。必要であれば水を数滴加える。

❷ ゆうに1時間は生地を寝かせる。

❸ ブレットの白い部分が目立つようであれば取り除きよく汚れをとる。葉を2～4cmの直径に巻きこみよく切れるナイフで、5mm幅に千切りする。たっぷりの冷水でよく洗い、何回も水を替えて緑色がつかなくなるまでこれを続ける。これは、ブレットの苦味をとるためである。その後水気をしぼり、ふきん2枚ではさむかサラダスピナーを使い乾かす。

❹ ボールに、おろしたパルメザンチーズ、粗糖、マール、ラム酒に漬けておいたレーズン、オリーブオイル大さじ1、割りほぐした卵2、松の実を加えて混ぜる。

❺ よく混ざったら、そこに千切りのブレットを加える。

❻ 生地を均等に2個か4個に切り分ける。うち半分を麺棒で伸ばす。これを直径40㎝のトゥルト型に詰める。

❼ トゥルト型に具を入れ2㎝の厚さにまんべんなく広げる。ボールの底に残った汁の半分を忘れずに上からかける。

❽ ❺の具の上に、りんごの薄切りを1枚1枚並べていき、表面をすっかり覆う。

❾ もう半分の生地を、トゥルト型の直径と同じ大きさになるまで伸ばし、かぶせる。上と下の生地の端をぴったりとくっつけて折り曲げる。フォークで生地をあちこち刺し穴を開ける。高温のオーブンでトゥルトの表面がうっすらキツネ色になるまで焼く。

❿ 焼けたら、トゥルトにたっぷりと砂糖をかけ、それから室温で冷ます。

memo

ブレットのトゥルトは、涼しい所に置けば何日間も保存できる。このレシピでは何人分という表示をしていない。このトゥルトが好きな人だと食事として食べる人もいるからである。

Qu'est ce qu'on fait aujourd'hui

今日は何作る？

Il y a tant encore à découvrir ...
D'autres recettes essentielles et bien des personnalités attirées par Nice.

ほかにもおすすめのニース料理がいっぱい！
ニースの歴史と一緒に次のページからご紹介します。

Recette

ピストゥ
Le Pistou

材料（6人分）

大ぶりのにんにく3かけ、おろしたてパルメザンチーズ大さじ6、大きいバジルの葉10枚、オリーブオイル大さじ3

memo

ニース地方で一番人気のあるスープがこれだろう。このスープの名前「ピストゥ」は、ニース語で「つぶす」「砕く」を意味する動詞「pista」からきている。これからご紹介するように、もともと「ピストゥ」とは、すり鉢ですりこ木を使って (un mourtié dé marmou embélou pestoun) にんにく、バジル、オリーブオイル、パルメザンチーズをすりつぶして作る調味料である。ニース語で、バジルのことを「ピストゥ」と呼ぶのだと思っている人もいる。
これは誤りで、ニースではバジルを「バリコ」と呼んでいる。
ピストゥを入れるスープは、野菜のスープのレシピに従うが、マカロニや米の代わりに、太めのヴェルミセルを必ず入れる。野菜のスープと同様にピストゥのスープは、材料に書いている野菜をすべてそろえる必要はない。ただトマト、ズッキーニ、生の白いんげんは必須である。というわけで、これは春の終わり、真夏、そして秋の初めにかけて味わえるスープだ。シンプルな中に、非常に繊細な味するピストゥのレシピをご紹介する。

作り方

❶ にんにくをすり鉢で非常に細かくなるまですりつぶす。電動の機器を使うと搾りかすと汁とが分離して味が落ちるので、避けること。すり鉢は高価なものであるが、幸いにも、キッチンや現代風ダイニングルームのインテリアとしても使える。

❷ よく洗い乾かしたバジルを加える。そして細かくすりつぶす。

❸ パルメザンチーズを混ぜ、フォークの背を使ってよく練り合わせる。

❹ さらにオリーブオイルを加え、フォークの背で柔らかいペースト状にする。

❺ ピストゥは決して加熱しない。ポタージュに入れるときは、鍋を火から下ろして、食卓に出すときに生で加える。缶詰入りのピストゥポタージュだけは例外で、食べる直前にせめて温めることで、本物のピストゥになんとか近づこうとしている。

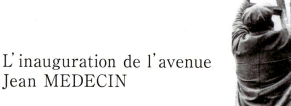

L'inauguration de l'avenue Jean MEDECIN

Recette

野菜のスープ

La soupe de légumes

材料（6人分）

水3.5ℓ、ニンジン100 g、カブ50 g、ブレット10枚、生の白いんげん豆（または生のグリンピースか生のソラマメ）150 g、トマト300 g、ズッキーニ5（冬であれば赤クルジュ500g）、ポロネギ1、じゃがいも200 g、大きめのたまねぎ5、にんにく5かけ、パセリ20本、セージ2枚、バジル2枚、米かマカロニ80g、オリーブオイル、塩、コショウ、食べるときにかけるパルメザンチーズ

作り方

❶ 野菜をさいの目切りにする。新鮮な白いんげん豆が手に入らないときは、乾燥のものを半煮えにしてからスープに混ぜる。トマトの皮をむき、種を取り、つぶしてから水気を切る。ポロネギとたまねぎを刻む。

❷ 背の高い片手鍋に、オリーブオイル大さじ3を入れたたまねぎをキツネ色にする。色がつきすぎないうちにポロネギ、にんにく、そしてトマトを加える。中火で煮詰める。三分の一強の量になったら、すべての野菜と香草（グリーンピースを除く）を加える。グリーンピースだけは、火から下ろす15分前に加えることになる。熱いお湯を入れる。

❸ 約45分後に、グリーンピース、米（またはマカロニ）を加える。味を整え、そして水分が蒸発して少なすぎたら熱湯を加える。

❹ 20分間煮こむ。パルメザンチーズをかけていただく。

Jean Médecin et le Général de Gaulle

Recette

エール・サン゠ミッシェルのポタージュ
Le potage Aire Saint-Michel

材料（6人分）

水2ℓ、新鮮な小さめのアーティチョーク20、セベット（ネギ）6、フェベット（新鮮な小さいソラマメ）12さや、全卵2、細いヴェルミセル（パスタ）100g、オリーブオイル大さじ2、塩、コショウ、パルメザンチーズ

作り方

❶ アーティチョークの芯、白い部分、そして茎の上の部分も含めて薄い輪切りにする。セベットも薄切りにする。フェベットをさやから取り出す。

❷ 冷水に塩、コショウをして、野菜を入れる。火にかけ沸騰したらごく弱火にして30分間コトコト火を通す。

❸ 火から下ろす10分前に、強火にして、ヴェルミセルを加える。10分間煮る。

❹ スープ鉢に卵を割り入れてほぐし、パルメザンチーズを大さじ4とオリーブオイル大さじ1を加える。そこに少量のポタージュを入れて、フォークで急いでかきまぜて伸ばす。そして一気に残りのポタージュを全部入れる。たっぷりと、コショウをふること。

memo

このポタージュは、偶然の産物である。というのは、1900年ごろ、私の父が子どもの時分、兄弟姉妹と一種の掘っ立て小屋でふざけて料理をしたときに編み出されたものだからである。その小屋はエール・サン゠ミッシェルという地区にあったのでこの名がついた。それから、我が家では特に春に作る定番料理となっている。

Un peu de notre histoire...

Le Président Coty et Jean Médecin avril 1956

Recette

塩スープ

L'eau salée

材料（4人分）

水１ℓ、シュヴ・ダンジュ（パスタ）30g、にんにく4かけ、生か乾燥のセージ2枚、オリーブオイル、塩、コショウ、食べるときにかけるパルメザンチーズ

作り方

❶ 水に、皮をむいたにんにくを丸ごと入れて沸騰させる。

❷ 弱火にする。20分たったら、沸騰状態のところにパスタを軽く指で割りながら投入する。好みで塩、コショウする。セージを加える。

❸ 6分間火を通す。にんにくを取り出し、お玉に載せてフォークでできるだけ小さくなるまでつぶす。

❹ 火から鍋を下ろす。ピュレ状のにんにくを戻し入れ、オリーブオイルをひと垂らしする。熱々を食卓に出し、パルメザンチーズをかけていただく。

memo

この料理は、タピオカやクスクスに入れるスムールを使ってもおいしい。
塩スープ（aiga saou）は、にんにく好きな人にとっては、簡単この上なく、味わい深いレシピだ。体にいい料理ともされている。

Recette

仔牛の詰め物
La poche de veau farcie

材料（12人分）

仔牛の胸肉１枚、脂身の少ないプティサレ200g、ホウレンソウ500g、ブレット1kg、ごく小さいアーティチョーク500g、グリーンピース500g、新たまねぎ（シブール）500g、フェヴェット※500g、にんにく２かけ、バジル、パセリ、米50g、パルメザンチーズ100g、卵8、塩、コショウ

※小ぶりのアーティチョーク、グリーンピースの季節が過ぎたら、こうした野菜はクルジュの花か冷凍グリーンピースで代替できる。

memo

「見た目を美しく」するため、詰め物の中心に固ゆで卵を入れる人もいる。こうすると切り口で卵が飾りになって見栄えがなかなかよい。
また、ゆでたピエッチを1時間かけて水切りをし、強火で表面をキツネ色にすることもできる。この場合も冷蔵庫に入れ冷やしたあと輪切りにすること。

作り方

❶ 仔牛の胸肉は、肉屋で下準備をお願いする。詰め物をするため、袋状に開けてほしいと説明する。

❷ ブレットは白い部分を除き、葉を細かく刻み、ホウレンソウも同様にする。大きなボールを用意し、刻んだブレットとホウレンソウをまず入れる。アーティチョークは硬い部分を除き薄切りにし、グリーンピースとフェヴェットはさやから出す。代替する場合のクルジュの花、ズッキーニは薄切りにする。そして新たまねぎ、バジル10枚、パセリの茎20本とにんにくも薄切りにする。これらの季節の野菜をすべて、ボールに加える。

❸ 米を、沸騰したお湯で15分間ゆでる。ゆで上がったら冷水でよく洗う。そして❷の具に、細かく刻んだプティサレとパルメザンチーズとともに入れる。

❹ 卵を割りほぐし、これを❸に加え、木べらでよく混ぜる。塩をする。コショウは挽きながらしっかりとふる。

❺ 準備した詰め物を、肉の袋のところに入れる。タコ糸を使って口をきつく縫って閉じる。

❻ 寸胴鍋に水を入れ沸騰したところに❺を入れ、中火で1時間30分火を通す。

❼ 仔牛の詰め物ピエッチを取り出して冷ます。しっかり冷蔵したら、1㎝強の厚さに切り分ける。薄切りにしたものを皿に載せて室内で常温に戻し、ニース風ピリ辛ソースを添えて食卓に出す。

Recette

ニース風トリップ

Les tripes à la niçoise

材料（6人分）

よく洗ったトリップ2500g、仔牛のすね肉500g（または半分に切った牛の足）、大きめのたまねぎ4、ニンジン12、大きめのセロリ5本、にんにく6かけ、皮をむいて種を除いたトマト10、ブーケガルニ: パセリ、タイム、ロリエ、セロリとひとつまみのカルナブジア（オレガノまたは野生のマヨラナ）、レモン6、パルメザンチーズ、ニースのマール（ブドウの搾りかすで作ったブランデー）、塩、コショウ

memo

食通の人でもトリップを好まないことがよくある。この料理の成功の秘訣は、トリップの下ごしらえを入念にすることだ。加熱時間は大変長いけれど、料理自体はさほど手間のかかるものではない。

作り方

❶ トリップの下ごしらえをする。ニースの近代的な食肉処理場のような優れた衛生管理で処理されたトリップが好ましい。そうでない場合は、ブラシを使いながら入念に洗うこと。たっぷりの湯で下ゆでし、冷ます。

❷ トリップをレモンでこする。幅2cm、長さ5cmに切り分ける。テーブルの上で塩、コショウする。

❸ （できれば素焼きの）寸胴鍋の底に一枚の皿を裏返しにして置く。そして仔牛のすね肉または牛の足、そして紐切りにしたトリップを入れる。たまねぎの薄切り、ニンジンの輪切り、一口大のセロリ、にんにく、皮をむいて種を除いたトマト、ブーケガルニを入れて混ぜる。

❹ ニースのマール（ブランダ）をブランデーグラスに2杯分注ぎ、上まで水を加える。小麦粉と水をこねて生地を作り棒状にし、これで鍋本体とふたの間を張って閉じる。

❺ ごく弱火で8時間から10時間火を通す。火が全体に通り材料がなじむようオーブンを使うと仕上がりがとても良い。

❻ トリップを注意しながら取り出し、高さのあるグラタン皿に野菜とともに入れる。仔牛のすね肉の身をほぐし、その上に均等に並べる。パルメザンチーズをたっぷりと振りかけ、キツネ色に焼き上げる。

❼ パルメザンチーズを、食べる直前にふりかける。

Recette

ゲロー風ウサギのソテー

Le lapin sauté à la mode de Gairaut

材料（6人分）

ウサギ肉1羽分、完熟トマト12、小たまねぎ250g、マッシュルーム250g、にんにく3かけ、大きめのたまねぎ 1、タイム、パセリ、粉末サリエット («isopé bastart» または «pébré d'aé»)、赤ワイン、バター、オリーブオイル、塩、コショウ、クルトン用パン、砂糖

作り方

❶ トマトでソース（ソスン）を作る。

❷ 片手鍋にバターを溶かし、砂糖小さじ1を入れて小たまねぎを色づかないように気をつけながらしんなり炒める。

❸ ふたつきの片手鍋をごく弱火にし、丸ごとのマッシュルームを入れ、最初だけ水を少し加えて、きのこから出る水分でゆっくり煮る。

❹ ウサギ肉を切り分け、ココット鍋にオイルを入れ、にんにくをつぶしたものと薄切りにしたたまねぎと炒める。

❺ 肉の表面がよく炒まったら、鍋に残った油分をぬぐい、グラス半分の赤ワインでデグラッセする。

❻ 火を弱める。おおよそ大さじ10のソスン、タイム2つまみ、パセリの茎10、サリエット1つまみを入れる。塩、コショウで味を調える。

❼ 肉に火が通ったら（加熱時間はウサギが若いかどうかによる）トングか金属製のフライ返しを使って肉を取り出す。そして片手鍋に、小たまねぎ、マッシュルーム、ウサギ肉を一緒に入れる。

❽ ココット鍋に残った汁をとろりとするまで煮詰めて具材にかけるのに使う。片手鍋の具材はごく弱火で、30分以内に食べるのであればそれまで煮込む。

❾ 油で揚げたクルトンを上に丸く散らして食卓に出す。

memo

ウサギは、日本の食通において今でも人気のない食材である。しかしながら、フランスでは、さまざまな方法で調理でき、高価でないことからたいへん人気がある。

Recette

スズキの詰め物

Le loup farci

材料（8人分）

1.5kgのスズキ1匹、プティサレまたはハム200g、大きいたまねぎ1、トマト500g、マッシュルーム300g、ケッパー100g、種をとったオリーブ100g、フェンネル、にんにく2かけ、パセリ、辛口白ワイン1ℓ、オリーブオイル、塩、コショウ、付け合わせにするジャガイモ

作り方

❶ スズキの内臓とうろこを取り除く。全体と腹の中とに塩、コショウをする。フェンネルの茎を刺す。フェンネルの葉の粉末しかない場合は、魚に切り目を入れ、全体と腹の中とにまんべんなくふりかける。

❷ ソースを準備する。プティサレの脂身の少ない部分、ケッパー、マッシュルーム、オリーブ、たまねぎ、にんにく、パセリをそれぞれみじん切りにする。

❸ ココット鍋にオリーブオイル大さじ6を入れ火にかける。❷を入れてよく炒める。

❹ トマトの皮をむき種を取り除き水気を切り、そこに加える。良質の辛口白ワインを入れ、弱火で三分の二の量になるまで煮詰める。

❺ オイルを塗った器に魚を移し、中火（200度）で20分間焼く。

❻ 器をオーブンから取り出し、スズキの骨をはずして、できるだけ広く腹を開け、ソースを上からかけたら詰め物に見えるようにする。

❼ 新じゃがいもを付け合わせにし、熱々を食卓に出す。

Recette

イワシのティアン
Le tian de sardines

材料（6人分）

イワシ800g、ホウレンソウ1kg、ブレット1kg、にんにく2かけ、卵4、パルメザンチーズ100g、パン粉、米50g、オリーブオイル、塩、コショウ

作り方

① イワシは内臓を取り除き、水分をていねいにふく。中骨、頭、しっぽを取り除き三枚に下ろす。そしてバラバラになっていても構わないので大理石の調理台に並べる。

② ホウレンソウの葉の部分をとり、ていねいに洗う。包丁で細かく刻み、水気をふき取る。片手鍋にオリーブオイル大さじ2とにんにく1かけを丸ごと、ホウレンソウを入れる。水気が完全になくなるまで火を通す。塩、コショウする。

③ ブレットを、ホウレンソウを調理した方法と同じやり方で調理する。

④ 水2ℓを沸騰させ、米を入れゆがく。（15分間）ざるにあげ、冷水でよく洗う。

⑤ ボールに卵を割り入れほぐし、そこにご飯、ホウレンソウ、ブレット、パルメザンチーズを投入する。塩、コショウをして味を見る。

⑥ 油をぬったグラタン皿に、ボールの具を2cmの高さまで入れ、その上が隠れるようイワシを並べる。その上に具を1cm入れ、オリーブオイルをふり、パン粉と1つまみのパルメザンチーズをふりかける。

⑦ 非常に高温のオーブンで20分間加熱する。その後、最高温度まで上げてさらに10分間ほど焼いて表面をキツネ色にする。

memo

春の章（P.28）で、「ティアン」と呼ばれるニース伯爵領の素晴らしい料理に関する説明とレシピを掲載している。イワシのティアンの方はと言えば、かなり際立っている。私たちの祖先がいかに優れた想像力を持っていて、これだけ繊細な味わいの料理を考え出したかが分かる。

Un peu de notre histoire...

La promenade des Anglais

Recette

アーティチョークのマリナード

Les artichauts en marinade

材料（6人分）

小ぶりのアーティチョーク24、レモン1、セロリ1本、パセリの束1、野生のフェンネルの茎1、にんにく1かけ、新たまねぎ（セベット）12、ロリエ½枚、タイム2つまみ、辛口白ワイン、ボルドーグラス1杯、オリーブオイル、塩、コショウ

作り方

❶ アーティチョークのガクをむいて、中心部分をむき出しにする。ガクの根元は取り除き、残っているガクの緑の部分を細切りにする。

❷ フライパンに水0.25ℓ、辛口白ワイン、オリーブオイル大さじ6、レモン汁1個分、塩をたっぷり1つまみ、粗挽きコショウ大さじ1を入れる。

❸ いったん沸騰したらアーティチョーク、セロリ、パセリの束、フェンネル、タイム、ロリエ、にんにくと新たまねぎを加える。

❹ 再度沸騰したら、中火でふたをして全体が四分の三の量になるまで加熱する。

❺ この料理は一般的に、オードブルとして、冷やして食卓に出す。

memo

ニースでは、ガクが柔らかい小ぶりのアーティチョークが手に入るので、この地方の料理に多く登場する。残念なことにガクを丸ごと食べることのできない一般的な大きさのアーティチョークでは、このレシピは不可能である。

Inauguration de la Promenade des Anglais. Janvier 1931 en présence du Duc de Connaught et Jean Médecin

Recette

なすのグラタン
Les aubergines au gratin

材料（6人分）

大きめのなす6、完熟トマト500gまたはトマト缶250g、にんにく2かけ、バジル4枚、カルナブジア少量（オレガノまたは野生のマヨラナ）、小麦粉、オリーブオイル、塩、コショウ

作り方

1. なすの皮をむき、縦に薄切りにする。丸皿に一枚一枚重ねて、その上に約1kgの重しをする。
2. トマトと、あらかじめみじん切りにし炒めたにんにく、塩、コショウ、マヨラナとバジルとでトマトソースを作る。
3. なすを皿から上げ、ふきんで水気をとる。小麦粉をまぶし、フライパンにオリーブオイルを入れて、両面をさっと揚げる。ペーパータオルで油を切る。
4. グラタン皿に油をしっかりぬり、なすを並べ、その上にトマトソースを塗る。皿の深さにより二度か三度、手順をくりかえす。
5. 中火で20分間加熱する。

memo

なすは、トマトやズッキーニと並び、野菜の王様と言えよう。その香りはとても繊細だ。調理するときは、柔らかくなるまで正確に火を通すことが肝心である。

Un peu de notre histoire...

Winston Churchill et Jean Médecin

Recette

フェヴェットのソテー

Les févettes sautées

材料（6人分）

さや入りフェヴェット3kg、新たまねぎ（セベット）6、にんにく1かけ、パセリ1束、イブキジャコウソウ(サリエット)1つまみ、プティサレ250g、オリーブオイル、塩、コショウ

作り方

❶ フェヴェットのさやをむき、苦味につながる珠柄（しゅへい）はきちんと取り除き、薄皮はつけたまま豆を取り出す。

❷ 包丁でプティサレを細かく刻む。

❸ ココット鍋にオリーブオイル大さじ6を熱し、プティサレを入れ、焼き色がつき始めたら、フェヴェット、緑の部分も含めて1cm大に切ったたまねぎ、イブキジャコウソウ、みじんぎりのにんにく、同じくみじん切りにしたパセリ20本くらいを加える。

❹ 中火で木べらを使って絶えずかきまぜる。フェヴェットに火が通って灰色がかった緑色になるまで続ける。余分な油を捨てる。

memo

この料理でフェヴェットは、半煮えの状態に仕上げる。それが最高の味を引き出す秘訣である。

Recette

黒いヌガー
Le nougat noir

材料（6人分）
はちみつ1kg、軽く煎ったアーモンド1kg、オレンジフラワーウオーター1さじ、無酵母白パンシート2枚

作り方
❶ 厚底の片手鍋にはちみつ1kgを入れ、弱火にかけて、木べらで絶えずかき混ぜる。

❷ はちみつが沸騰したら、アーモンドとオレンジフラワーウオーターを加え、引き続き絶えずかき混ぜる。火を弱める。

❸ こげ茶色に色がつきアーモンドがはね始めたら、鍋を火から外し、数分間さらにかき混ぜる。あらかじめ油を塗り無発酵白パンシートを1枚敷いておいた型に流しこむ。

❹ もう1枚のシートを上に載せ、重しの板でヌガーを押し固める。完全に冷ましてから型抜きする。

memo
ヌガーに、オレンジフラワーウオーターを入れることで香りづけをする。強い香りなので、量に気をつけること。好みに応じて、量を増やしてもよいし入れなくてもよい。

Un peu de notre histoire…

Le Prince Rainier et Grace de Monaco accueillis par Jean Médecin

Recette

ライス・スフレ
Le soufflé de riz

材料（6人分）

米100g、砂糖75g、卵黄5、卵白5、コーンスターチ25g、牛乳0.50ℓ、バター 25g、レモン1の皮、塩

作り方

❶ 1ℓの水を沸騰させ、そこに米と塩1つまみとを入れ、8分間火を通す。

❷ 米をざるにあげ、ぬるま湯を上から流してぬめりをとる。そして牛乳に、レモンの皮、バターを加えた中に入れて最後まで火を通す。

❸ 米が煮えたら完全に冷ます。そこに卵黄とコーンスターチを混ぜ合わせる。

❹ スフレ型にバターを塗り、小麦粉をふる。オーブン用湯煎を準備する。

❺ 卵白を角が立つまで泡立て、❸に混ぜる。これを型に流しこみ、オーブンの強火で湯煎にして焼く。

memo

この料理には、アプリコットソースやクレーム・アングレーズを添えることもできる。ニースでは伝統的にサバイヨンを添える。

Le Prince Napoléon et Jean Médecin 1960, Opéra de Nice pour le centenaire du rattachement de Nice à la France

Recette

オレンジ、マンダリン、レモンの氷菓
Les oranges, les mandarines et les citrons glacés

材料(6人分)

オレンジ（またはマンダリンかレモン）6、オレンジ（またはマンダリンかレモン）10の果汁、水0.50ℓ、グラニュー糖450g、卵白2

作り方

❶ 葉つきのオレンジ（またはマンダリンかレモン）を用意する。直径約4cmのふたになるよう上を切りとる。中身をスプーンで取り出し、皮は冷蔵庫に入れておく。

❷ 果肉をこし器でこす。そして果汁を別にし、全体で0.5ℓになるように❶と同じ果物（オレンジ、マンダリン、レモンのいずれか）を絞る。

❸ 果物の皮をすりおろし小さじ2杯分用意する。それを砂糖とともに0.5ℓの水に入れ、常温でそのまま溶かす。時間がないときは温めてもいいが沸騰しないように気をつける。完全に冷めるまで待つ。

❹ ❸を果汁そして泡立てた卵白と混ぜ合わせる。

❺ シノワかモスリンで裏ごしし、シャーベットメーカーにかける。

❻ シャーベットが固まったら、とっておいた皮に詰めていき、少しあふれるぐらいまで入れる。ふたをかぶせ、食卓に出すまで冷蔵庫で冷やしておく。

memo

このデザートのおいしさは、特に果物のみずみずしい酸味からくる。ニースでは幸運にも、地元ニースの太陽を浴びて自然農法で育ったこうした新鮮な柑橘類が手に入る。

Un peu de notre histoire...

Chagall et Jean Médecin

A bientôt à Nice...

あとがき

　ニース地方の食べ物、歴史、家族の逸話をご紹介する、本書の6ヶ月間の執筆を終えた今、読者の皆さんに「さようなら」を言うときがきました。

　このプロジェクトは、太田社長と編集チームによるサポートがなければ実現できませんでした。（株）オータパブリケイションズの皆さんが、私に与えてくれた信頼感をとても評価しています。読者の皆さんにとって、私の本が深い洞察に満ちていて、楽しいと感じていただければ嬉しいです。

　皆さんが、フランスのこの地域の文化的豊かさを垣間見ることで、さらに知りたいという意欲が湧いていただければ、それにこしたことはありません。もし皆さんが、ニースを訪れるチャンスがないようであれば、ソーシャルメディアを通じて、その魅力をご紹介してきたいと思います。ということは・・・本当の意味で、どんな良いことも必ず終わりがあるということにはなりませんね。どうもありがとうございました。

　　　　　　ジャン・メデシン

Ma Cuisine du Comté de Nice
（マ　クイジーン　ドゥ　コムテ　デ　ニース）

私の選ぶニース伯爵領の料理
（ワタシ　エラ　ハクシャクリョウ　リョウリ）

2019年5月30日　第1刷発行

Author　　Jean Médecin（ジャン・メデシン）
Book Designer　　竹中 昌弘、片岡寿理（Flippers）
Illustrations　　Aurélie Roger（オーレリー・ロジェ）
Photos　　日本写真印刷コミュニケーションズ（株）
Publication　　株式会社オータパブリケイションズ
　　　　　　〒104-0061 東京都中央区銀座 4-10-16 シグマ銀座ファーストビル 3F
　　　　　　TEL　03-6226-2380
　　　　　　FAX　03-6226-2381
　　　　　　Web　http://www.hoteresonline.com/
　　　　　　E-mail info@ohtapub.co.jp

Printing　　富士美術印刷株式会社

●定価はカバーに表示してあります。本書の無断転載・複写は、著作権法上での例外を除き禁じられています。これらの承諾については、電話 03-6226-2380 まで照会ください。
●落丁、乱丁はお取替えいたします。

ISBN978-4-903721-78-1　C2077
©Jean Médecin,2019,Printed in Japan.